新編閩風雜記

佐倉孫三 原著
林美容 編著
沈佳姍 註釋

五南圖書出版公司 印行

目　次

編著序

這一本《新編閩風雜記》是我繼《白話圖說臺風雜記》（2007）之後，想爲佐倉孫三（1861-1941）的民俗著作留下記錄的願心，所啓動的一個暫時的結果，因爲跟原本想要達成的要和《臺風雜記》一樣有原文的白話翻譯，有註釋，有圖片，在可見的未來，難以達成，所以，我只把原文需要註釋的地方挑出來，在沈佳姍小姐的協助下，完成註釋。搭配我曾經正式出刊過的〈跨文化民俗書寫的角色變化——佐倉孫三《閩風雜記》與《臺風雜記》的比較〉（2010）文章作爲導讀，方便讀者理解佐倉孫三這個能用漢文寫作的漢學家，他在臺灣擔任殖民官，以及在福建任教的經過，以及他先後著述的《臺風雜記》（1903年8月）與《閩風雜記》（1904年初夏），在書寫背景和目的，以及書寫內容與風格上的殊異之處。

《閩風雜記》這本書是在福州的美華書局活版印刷出版，封面頁寫著是：光緒三十年歲次甲辰，因爲是在中國出版，所以寫中國的年號，爵南生爲本書寫的序文是甲辰初夏，因爲爵南生是日本人，所以只寫歲次。這本書除了爵南生的序，以及作者的自序，正文共有八十五篇，其中六篇是遊記，篇幅頗長，有一篇〈學堂十三趣〉，其實內文有十三個標題，其中有九篇有作者的友人或是學生的評語，全部集中在最後的九篇。

而這本我編註的《新編閩風雜記》，除了前面的導讀之外，後面加上了一些佐倉孫三其他福建相關的一些著述，一共有七篇，這主要都是從他的漢文著作的集子《達山文稿》找出來的，方便讀者對佐倉孫三在福建的事蹟有一個全面的瞭解。本書最後還附了佐倉孫三的年表，主要是《白話圖說臺風雜記》出版之後，我有機會去日本訪問研究，看到了一些新的史料，所以對年表有一些訂正，因此附上新的年表供讀者參考。2013年暑假那次的訪問研究，是以「佐倉孫三對台灣原住民的著述與業績」爲題，在日本交流協會的資助下進行的。有關佐倉孫三的研究，雖然他的著述主要都表現在臺灣和福建以漢人爲主的風俗習慣上，但是我認爲他對臺灣的原住民風俗習慣相關的著述也是不可忽視的，如果再加上他對日本本國的民俗著述，「佐倉民俗學」就眞正整全了。而這只能期待新生代的學者了。

林美容

寫於南港中研院民族所

跨文化民俗書寫的角色變化
——佐倉孫三《閩風雜記》與《臺風雜記》的比較*

一、前言

人類學是從研究異文化（other culture）而開始發展的學科，與殖民主義（colonialism）的發展也有密切的關係，早期的人類學著作主要是白人在世界各地特別是亞洲與非洲各地所調查的許多民族之風俗習慣的記錄，也就是所謂的民族誌（ethnography）。但是隨著殖民勢力，在人類學家之外，前進到殖民地的還有殖民官、醫師與傳教士等，他們也有一些書寫當地風土人情的相關記錄。這些跨文化的民俗書寫作品，縱或不是民族誌的形式，其實也是人類學研究的良好素材。但是人類學家因爲比較強調自己蒐集的一手田野資料，因此往往忽略這些珍貴的研究素材的運用。

以臺灣而言，隨著十七世紀西洋人的殖民勢力，與十九世紀末日本的殖民勢力來到臺灣的有軍人、官員、傳教士與醫生等，他們對臺灣作了許多調查研究與記錄，而其中與臺灣風俗之記錄有關者，有馬偕的《From

* 本文係參與中興大學人文研究中心之整合型計畫：社會變遷與人文書寫——文化場域中的話語流動，所完成的一項子計畫的成果，曾在2009年10月22日於中興大學舉辦的成果發表會中發表。感謝中興大學人文中心讓我有機會完成這項一直想進行，卻在諸事繁忙的當中被擱置的研究工作。研究與寫作期間，政大博士班沈佳姍小姐擔任研究助理，協助蒐集資料與文書處理，讓本文得以順利完稿，一併致謝。成果發表會之後，2009年11月5日接獲日本橫濱的吉原丈司先生來信，並附上他整理的一份〈佐倉孫三氏檢討關連資料〉，提供給我參考，對於本文的修訂補充，有所裨益，對於素未謀面的吉原先生，深感謝意。

Far Formosa》（1895），佐倉孫三的《臺風雜記》（1903），與井田麟鹿的《澎湖風土記》（1910），堪稱十九世紀末與二十世紀初，有關臺灣島民風俗的三巨著。馬偕博士是傳教師也是醫師，有關其著作，探討者較多（林鴻信，2001；林昌華，2005），佐倉孫三是警官，其著作近年才有林美容的解析與整編（林美容，2004，2007），而井田麟鹿是軍官，其著作雖有零星之引用，但尚無專門之探討。

佐倉孫三的《臺風雜記》，代表二十世紀初日本殖民政府官員對臺灣殖民地的風俗記錄，是爲了供殖民者施政之參考，而以隨筆的方式記錄了臺灣各項的風俗一百零四條。作者以漢文書寫，又在每一則下相對地敍述了日本風俗的情況，其以受殖民的臺灣人爲潛在的讀者群，甚或是最重要的讀者群之用意不言可喻，希望臺灣的知識分子可以接納同樣精通漢文的殖民者，並瞭解同時期的日本風俗之一斑（林美容，2004）。

佐倉孫三在臺三年之後，因妻子意外在臺灣喪亡，而哀傷地離開臺灣，返回故國。但是在《臺風雜記》在日本出版之際，他受邀到中國福建任教，客居福州，不到一年之間就出版了另一本跨文化書寫的民俗作品：《閩風雜記》（佐倉孫三，1904）。福州的風俗是屬於閩東的風俗，[1]臺灣的風俗是屬於閩南的風俗，但是兩者都屬於漢文化的範疇。佐倉這位日本人幾乎在同時間出版了兩本有關漢人風俗的作品，而且福建基本上是許多臺灣人的原鄉。差不多距今一百年前的福建和臺灣，其風俗有何異同？

1 本文審查人之一，建議説福州的風俗是屬於閩北的風俗，在此進一步説明，我最初認識到所謂的閩東，是在馬祖島進行調查研究時體會到的（參見林美容、陳緯華，2008），馬祖民眾和福州有密切的關連，那裏的寺廟風格式屬於閩東的風格。福建幅員廣大，民情風俗差異也很大。以臺灣的領地而言，金門、馬祖相去不遠，金門屬閩南系統的文化，馬祖屬閩東系統的文化。對岸的廈門屬閩南系統的文化，福州屬閩東系統的文化。

在這位日本人的筆下是如何呈現？佐倉孫三在臺爲殖民官，在閩爲客卿的不同身份，是否會影響他跨文化之民俗書寫的內容與風格？這是本文想要探討的重點。

二、作者佐倉孫三及其與臺灣、福建之關係

佐倉孫三，號達山，筆名達山髯史、達山居士、達山子。福島縣安達郡二本松町人，生於1861年，卒於1941（昭和16年），享年81歲。祖父爲佐倉眞學，父親爲佐倉政行，哥哥爲大審院檢事佐倉強哉。[2]佐倉孫三1878年就讀二松學舍，受業於三島中洲。[3]來臺之前曾任靜岡警察署長，離開臺灣之後曾任山梨縣北都留郡長。之後，赴中國福建擔任中學堂及福建省警察學堂之教官達六年之久。[4]回日之後，擔任早稻田

圖一　佐倉孫三之像（時年約76歲）

資料來源：《達山文稿》自序前

[2] 佐倉強哉（1850-1939）：曾為佐倉孫三的《德川の三舟》寫跋。三舟是指德川將軍時代的幕末三傑（有名的武士）：勝海舟、山岡鐵舟、高橋泥舟。

[3] 佐倉孫三在其文〈皆夢會記〉中，曾自述：「余明治十一年入二松學舍，就中洲先生受業，當時同遊者凡三百名」，參見《臺灣日日新報》1909年8月31日漢文版。

[4] 根據佐倉自己在〈三十七年前の夢〉一文之自述，他說在臺三年之後，到對岸的福州任職六年。見佐倉孫三，〈三十七年前の夢〉，收於日本合同通信社編，《臺灣大觀》（臺北：成文出版社復刻，（1932）1985），頁155。另外他在〈送安江五溪游清國序〉曾說：「僕曾在福州六閱年」，參見《臺灣日日新報》1910年9月17日。不過日本友人西村一之先生所提供的《二本松市史》第九卷（二本松市：二本松市，1989）的中記載則是八年，而佐倉的摯友山田準（山田濟齋）在《達山文稿》

大學講師及二松學舍塾頭，培育學生甚多。明治與大正時期，他是活躍的中國問題評論家，[5]擅書道（參見圖二）及劍道。[6]

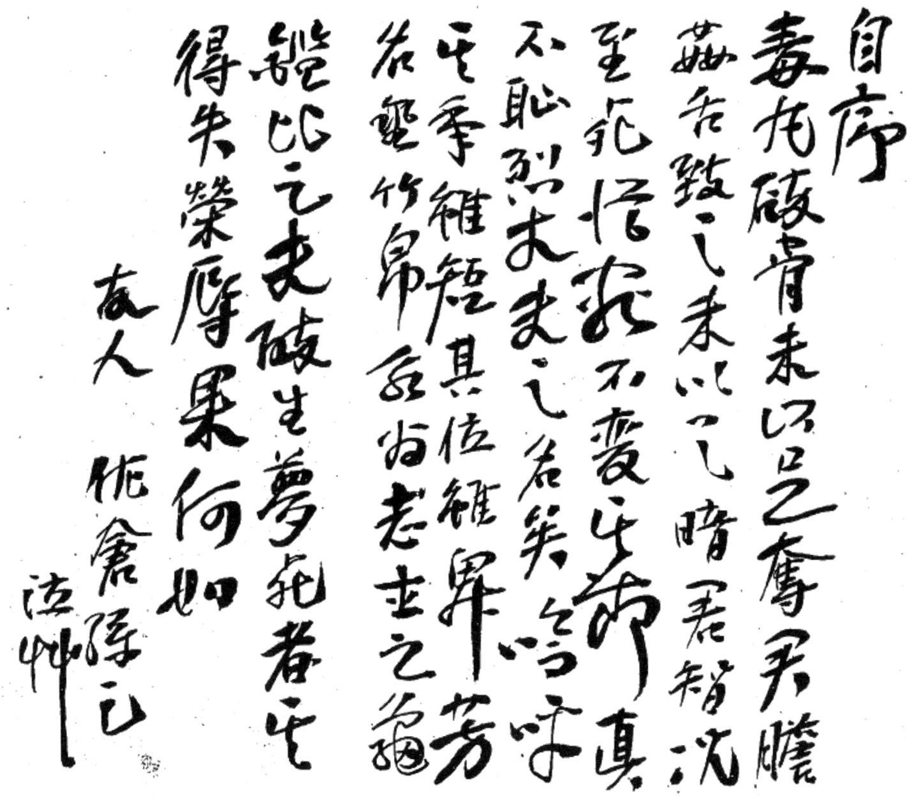

圖二　佐倉孫三之書法

資料來源：《警士之龜鑑》自序

〈佐倉達山傳〉中則有「居七年」的說法（詳下文）。據《臺灣總督府檔案公文類纂》中佐倉孫三履歷書的紀錄則是六年，可參見《臺灣總督府檔案公文類纂》，〈佐倉孫三履歷書〉，1910年（明治四十三年）2月16日，第1722冊，第37件。從佐倉本人的回憶及其正式履歷書的紀錄看來，他在福州的時間應以六年為確。

5 下文所提及的《時務新論》一書，即是佐倉孫三的中國政治評論集。

6 二本松市編集《二本松市史第九卷：各論編》（二本松市：二本松市，1989），頁65。不過這一則記載完全未提及他在臺灣的事蹟。

明治28年（1895）5月，佐倉34歲時，就到臺灣。在1932年出版的《臺灣大觀》一書中，他寫了一篇〈三十七年前の夢〉，敘述他在1895年承臺灣總督府民政局長官水野遵之門下吹野信履[7]等人之鼓吹至臺赴任過程，他不僅協助在日本募集赴臺人員的工作，而且與首任總督樺山資紀同乘横濱丸[8]赴臺。他在晚年自述，他原本在東京府任職，臺灣割讓之後，樺山資紀海軍大將以戰勝之榮而成爲總督，水野遵眾議院書記官長爲民政局長官，水野的兩個門生來勸佐倉一起去臺灣。他因此辭職，準備行裝，並受命募集各種洗衣匠、髮匠、裁縫師、木工、掘井者等共一百八十多人，進行體格檢查，部署之後，由南京出發，航向廣東，陸續有老輩武者加入，從滿州回航的支那通譯連亦加入。佐倉算是第一批赴臺的日本官員，只晚樺山總督一天出發，[9]佐倉記載，由文武百官陪同樺山總督乘坐横濱丸於5月24日自宇品港出發，27日到琉球中城灣，與近衛師團相會。28日到淡水港外，因聽說有上陸危險，一直在三貂角與澳底灣的中間轉來轉去，直至六月一日清國代表李經芳乘船來會見樺山總督，方得交換領臺的公文書。[10]可見他是第一批赴臺的官員。

7 吹野信履的名字是在後藤松吉郎有關最初入臺的日本文官的文章裏提到的，根據他的資料，入臺之後，水野遵是擔任內務部土木課長，吹野信履和佐倉孫三都是擔任庶務部的部員（後藤松吉郎，1985：140-141）。

8 1895年5月日本最初渡臺的船有兩艘，第一隻船是横濱丸，第二隻船是京都丸（後藤松吉郎，1985：140）。

9 據《臺灣總督府檔案公文類纂》，〈臺灣派遣員渡臺名簿〉載，1895年5、6月渡臺人員共有5回，第一回5月24日出發，第二回是5月25日出發。佐倉是第二回出發人員，廣義而言仍可算是第一批渡臺官員，相關詳事可參見佐倉孫三的〈三十七年の前夢〉。有關日本官員渡臺請參見《臺灣總督府檔案公文類纂》，〈臺灣派遣員渡臺名簿〉，1895年（明治28年）1月1日，第14冊，文號31。

10 佐倉孫三，〈三十七年前の夢〉，收於日本合同通信社編，《臺灣大觀》（臺北：成文出版社復刻，（1932）1985），頁157。

佐倉在臺最初爲學務部員，後轉任內務部警保課高等警務掛長，至明治31年（1898）升爲鳳山縣打狗警視，也擔任過臺南辨務署長。他自述在臺的警務工作，有時草擬告諭新附之民的告諭文，有時要到土匪窩探勘，以除民害，常臨危地，不知幾回。[11]從書中內容看來，佐倉足跡遍及臺北（景美、大稻埕）、宜蘭（羅東）、澎湖、安平、高雄等地。他在臺灣任職只有三年，留臺期間他的妻子死了，因此返日。

佐倉先生精通漢文，他的漢文老師是三島中洲，也就是三島毅。與佐倉同師門的一位好友山田準（山田濟齋），還創立了王學會，專門研究陽明之學。佐倉孫三在他的〈七十自壽序〉裏說他十六歲負笈在三島中洲門下就讀，時間可能長達九年。[12]當時東亞的知識分子多習漢文，日本也不例外。佐倉先生應該是三島門下當中飽學詩書的，因此三島對他頗爲器重，曾來臺探訪，並留下詩文，刊於《臺風雜記》書前。《臺風雜記》頗能呈現佐倉孫三漢文的造詣，在書中他善用漢文典故，也可看出他精通中國古籍。

除了《臺風雜記》和《閩風雜記》之外，佐倉孫三的漢文著作其實還不少。1905年，他在福州美華書局出版了一本《時務新論》，[13]是他以答客問的方式論說他對中國事務之見解。而在1937年結集，由達山會出版的《達山文稿》，裏面含括了《閩風雜記》的全部內容，以及日本風俗的

11 佐倉孫三，〈三十七年前の夢〉，頁159。

12 〈七十自壽序〉中言：「十六負笈學中洲夫子門。二十五釋褐千葉縣，為警官。」，佐倉孫三，《達山文稿》（東京：山縣製本印刷，1937），頁160。不過他在〈皆夢會記〉一文中自述：「余明治十一年入二松學舍，就中洲先生受業。」明治十一年是1878年，佐倉那時應不只十六歲，可能前後記憶不一。

13 《時務新論》一書內容共32篇，每篇一論題，其中〈論日俄開戰〉、〈論日俄戰爭影響〉、〈論日俄戰爭之景狀〉、〈論旅順戰鬭〉、〈論東亞之現勢〉、〈論臺灣政治〉等六篇有收在《達山文稿》中。

一些觀察和記錄。這本漢文著作更能全面性地呈現佐倉的漢文造詣。

佐倉孫三不僅能文，也能武。他的摯友山田準說他：「文武兼有」。[14]佐倉孫三著有《日本尚武論》（1892，日本教育社出版），《武士かたぎ》（1926，日東之華社出版），《徳川の三舟》（1935，東京康文社出版），並編有《山岡鐵舟傳》（1893，普及社出版），這四本都是關於武士道的著作。[15]佐倉孫三擅長劍道，在臺爲警官，在閩爲教官，可見他素有武學的淵源，[16]著書論述武士道，不足爲奇。由此可見佐倉是文武兼備的專才。

佐倉在公務之餘完成《臺風雜記》一書，目的是爲了作爲施政之參考。從全書的最後一則「生蕃」，他自述「留臺僅三歲」、「終則遭喪糟糠之妻」、「今去其時既六星霜」可見他在臺灣任職只有三年（1895-1898）。留臺期間他的妻子死了，[17]這是他傷心返回日本的原因，而《臺

14 山田準，〈佐倉達山傳〉，收於佐倉孫三《達山文稿》，頁1。

15 根據《達山文稿》所刊載（頁267-296），佐倉孫三在福州時寫了一本漢文著作《日本武士道論》，共有28篇論説武士道的文稿，佐倉先生自序的時間是明治38年（1905）4月。

16 佐倉孫三自述其家世曰：「余家世仕二本松藩，甫四歲，先考戰死水府役，尋有戊辰變，都城受圍，祖考亦陣亡。」參見佐倉孫三，〈七十自壽序〉，《達山文稿》頁160。佐倉是出身二本松的武士世家。

17 佐倉的摯友山田濟齋在《達山文稿》〈佐倉達山傳〉中寫到佐倉赴臺：「左劍右筆有功，任警視，不幸喪內助，辭歸，為山梨縣郡長。」似乎表示佐倉是因為喪妻才返回日本，然而依《臺灣總督府檔案公文類纂》中佐倉孫三履歷書的紀錄，佐倉離臺返日任新職為1899年（明治32年）春。佐倉之妻小彬氏病故的時間早在1897年（明治30年）6月11日，而6月21日的《臺灣日日新報》還刊出其葬禮之新聞〈佐倉屬夫人の葬送〉。因此佐倉之返日與其妻病故時間相差一年半以上，看來並沒甚麼直接的關係。

風雜記》一書出版之時距其離臺之時，已經過了六年。[18]

佐倉孫三返日之後，曾擔任山梨縣北都留郡長，但此似非其志。1903年他應邀到中國福州擔任武備學堂的教席，1906年任福州警察學堂教席，[19]前後兩個職位，在福建一共待了六年的時間（1903-1909）。[20]他在客居福建一年之後，就出版了《閩風雜記》。

他的摯友山田濟齋（1867-1952）在佐倉孫三出版的文集《達山文稿》中寫了一篇〈佐倉達山傳〉，敘述佐倉這一段在福建的經歷：「偶應閩省警務學堂聘，秉教鐸，或揮劍授武，或著書論鄰交，眾生悦服。宣統皇帝嘉焉，賜三等寶章，蓋特典也。居七年，任滿歸朝。其間與彼碩學鴻儒相交，文境大進」。七八年的時間頗長，他教學之餘，著書立說，與當地文人相交，甚至獲得宣統皇帝的勳章。[21]佐倉孫三也曾如此自述他在福建八年的歲月：「余曾應聘閩省學堂，淹留八歲，或探討山水，或遊覽城市，或歷訪碩儒，深感其禮文之勝、風化之遠，大悟百聞不若一見矣」。[22]

佐倉孫三有關福建的閱歷，除了《閩風雜記》之外，其他相關的著

18 林美容，《白話圖說臺風雜記—臺日風俗一百年》（臺北：臺灣書房，2007），頁5。

19 《臺灣日日新報》1907年3月30日漢文版報導。不過這個警察學堂的名稱，一作高等巡警學堂。

20 佐倉孫三離開福建時，他的門生友人為他送行，留下許多文字記錄，皆收在佐倉孫三，《達山文稿》頁303-307。其中他的學生們所寫的〈送佐倉先生歸國序〉，所署時間是在1909年春3月。

21 佐倉受勳時間為宣統元年（明治42年，1909年），可參考日本所保留的公文書。另1911年7月7日《臺灣日日新報》也曾報導佐倉孫三曾獲頒清國皇帝三等第一寶星章的消息。

22 參見佐倉孫三，〈送青州濱君遊禹城序〉，《達山文稿》頁100。

述，收在其漢文集《達山文稿》裏的有五篇，[23]即：〈遊黃檗山記〉、[24]〈上臬憲論警察改善書〉、〈新築警察學堂記〉、〈聽月樓記〉、〈虛谷前島君碑〉（內文參詳本書「附錄」）。這些作品是《閩風雜記》出版之後，甚至是離開福建之後所書寫的，全都是佐倉孫三有關福建的書寫。不過本文仍以《閩風雜記》爲主要的探討與分析對象。

其實佐倉孫三在福建八年之後，曾經再遊臺灣，他在〈七十自壽序〉裏提到：「淹留八載，再遊臺島，從征番軍，或度嶙峋，或侵瘴煙，編一部理番史，留亦三歲」。1911年7月9日《臺灣日日新報》曾報導佐倉孫三的消息，當時他擔任番務本署囑託，可見他後來再次來到臺灣，從事理番的工作，還編了一部理蕃史，[25]時間和前次來臺一樣，也是三年（1910-1913）之久。

佐倉孫三再次來臺，和第一次來臺灣的情況頗不相同，工作餘暇似較多，他與臺北的文人雅士組織羅漢會，每月一會。[26]佐倉孫三第二回停留臺灣期間，亦留下不少文字記錄，主要也都收錄在《達山文稿》中，共有十三篇：[27]〈登插天山記〉（附〈薰風館記〉）、[28]〈論臺島蕃族〉、〈詠沂園記〉、[29]〈水竹書樓記〉、〈送新井洞巖遊宣蘭序〉、〈讀吳鳳

[23] 這些與福建相關的文稿，前四篇文章收在《達山文稿》頁216-227，最後一篇〈虛谷前島君碑〉在《達山文稿》頁248-250。

[24] 有關〈遊黃檗山記〉一文，佐倉孫三還印行了小冊子，1907年出版，他並曾贈送帝國圖書館。這篇遊記也曾連載於《臺灣日日新報》漢文版（1908.1.7-1.10）。

[25] 總督府理蕃課所編纂的《理蕃誌稿》，前後出版了五編，佐倉孫三所編的也許就是《理蕃誌稿》的第四編（待考）。

[26] 參見〈羅漢會記〉，1910年12月13日《臺灣日日新報》，第1版。

[27] 這十三篇與臺灣相關的文章收在佐倉孫三，《達山文稿》頁227-250。

[28] 〈薰風館記〉曾刊載於1911年1月19日的《臺灣日日新報》，第1版。

[29] 〈詠沂園記〉曾刊載於1911年10月27日的《臺灣日日新報》，第3版。

傳〉、[30]〈香雪庵記〉、[31]〈對星山房記〉、[32]〈題藤園將軍照相背〉、[33]〈紀漆崎大尉從卒市川爲市事〉、[34]〈臺灣總督府警視長倉君碑〉、[35]〈警部飛田君碑〉、〈山豬說〉。[36]這些文稿，頗有可觀之處，內容主要是遊記，記錄佐倉孫三在臺灣番地的行腳，也有佐倉紀念其警察同僚的文章，以及佐倉對於理蕃之相關見解的文章。只有含括這些文稿，才能全面性地呈現佐倉有關臺灣的書寫。雖然這些文稿本身具有進一步分析的價值，不過本文仍只採用《臺風雜記》作爲與《閩風雜記》對照分析的文本，而不列入這些《臺風雜記》之後的文稿。

三、《閩風雜記》及其篇目內容

我在進行《臺風雜記》的相關研究時，得到日本友人西村一之博士[37]很多的協助。2005年暑假，他來臺訪問，謂在筑波大學圖書館，發現有一本1904年出版的佐倉孫三之著作，叫做《閩風雜記》，但是因圖書館不准外借，不得其詳。我拜託他無論如何取得複本。2005年10月底，西村博士寄來《閩風雜記》之數位影本，欣喜萬分，但是礙於該圖書館的規定，公開使用這份影本資料，似乎有些禁忌。不過幸好，託現代數位化之便利，本文研究期間發現日本國立國會圖書館早有《閩風雜記》美華版的

30 〈讀吳鳳傳〉曾刊載於1912年2月16日的《臺灣日日新報》，第5版。

31 〈香雪庵記〉曾刊載於1911年12月4日的《臺灣日日新報》，第3版。

32 〈對星山房記〉曾刊載於1911年8月11日的《臺灣日日新報》，第3版。

33 〈題藤園將軍照相背面〉曾刊載於1912年2月22日的《臺灣日日新報》，第4版。

34 〈記漆崎大尉從卒市川為市事〉曾刊載於1912年11月18日的《臺灣日日新報》，第3版。

35 〈警視長倉君碑〉曾刊載於1912年8月21日的《臺灣日日新報》，第6版。

36 〈山豬説〉曾刊載於1911年1月3日的《臺灣日日新報》，第1版。

37 筑波大學人類學博士，現任教於日本女子大學。

數位化全文資料，利用它來做研究並公開發表，應該是沒問題了。

其實1937年佐倉孫三出版的漢文著作集《達山文稿》[38]裏也收錄了《閩風雜記》全部的內容，甚至還多出了四篇文稿（佐倉1937：216-227）。《達山文稿》是在日本東京出版，但是日本學界並未見有關《閩風雜記》之探討。

《閩風雜記》是在福州的美華書局出版，照理中國學者應略知此書，但是迄今仍未見相關之討論。臺灣各個圖書館，未見有《閩風雜記》的蹤跡，自然相關的探討也就付諸闕如。以下簡介《閩風雜記》如下：

圖三　《閩風雜記》福州美華書局版封面

資料來源：日本國立國會圖書館

《閩風雜記》是佐倉孫三所著，著書的時間是在1903年夏天到1904年的夏天，[39]光緒30年（1904）福州美華書局活版印刷出版。全書正文共32頁，因是摺頁，實際爲62頁，另有爵南生序文2頁，合計共64頁。這本書是作者在福州擔任武備學堂教席的見聞與遊記之隨筆，可做爲我們理解一百年前福建舊俗的參考。

全書共有85篇，其中第79篇〈學堂十三趣〉一篇，分成13篇，故總計有98篇，正文之前有爵南生的〈閩風雜記序〉，及作者自序。自第1篇

38 中央研究院民族所圖書館特藏。

39 佐倉孫三《閩風雜記》中，由爵南生所撰的序文是寫於1904年初夏，照理那時全書應已完稿。

至第77篇，篇名都是一句四個字，到全部77篇條目式的風俗記錄完了，之後有其福建友人吳懋昭簡短一行的讀後心得。第78篇開始到第85篇，都是長篇遊記。每篇遊記之後，都有其福建友人吳懋昭、鄧祖庚或鄧筱仙三人的評述文字。各篇目次與內容簡述如後：

1. 街上無車：榕城内外，往來專用肩輿。（街路、人力車、肩轎）
2. 途上多僧：郊外途上，十中二三皆野僧。（僧侶）
3. 婦人勞力：此州婦女，大抵不纏足。（婦女纏足）
4. 頭上帶劍：銀笄如劍戟。（婦女修飾）
5. 耳環如輪：銀製耳環，形如桶輪。（老婦花簪）
6. 牽牛賣乳：牽牛街上，當街賣牛乳。（愛牛）
7. 封榕如神：榕城多榕，亦多榕神。（榕樹）
8. 荔枝成林：福建省多荔枝，盛於川產。
9. 烏有白翎：烏鴉有白翎。（牛背黑鳥）
10. 鼈不可食：閩人不食鼈，説是龜蛇相交，亂倫最甚。（魚鼈）
11. 犬貓不爭：此地貓犬相馴相親。
12. 同病相黨：癩病者群居城外。
13. 水陸不婚：閩江流域蜑民與陸人不婚。
14. 桎梏示人：受刑之人，桎梏加身，遊街示人。
15. 肩輿色別：肩輿顏色有別，一品至四品爲綠輿，庶民皆避讓。（肩轎）
16. 冠玉有差：不同等級官員之帽所飾寶石不同，有紅玉，有藍寶石，有水晶，有白玉，有素金。
17. 騶從如雲：官人往來必乘肩輿。（肩轎）
18. 衙門畫繪：衙門屏巍然如城郭，扉畫武神像。

19.學位標榜：有學位者，揭扁額於門楹。以金書之，曰翰林，日進士，曰文魁，曰會魁，曰武魁。

20.敬惜字紙：街上設爐。收拾字紙，投以火之，稱曰惜字爐。（惜字亭）

21.華表林立：石門建街上或郊外。以旌表孝子節婦，使閭里矜式之。

22.斫石如木：此地多石材，是以石匠斫石如木，凡自道路橋梁。至門楹机桌類，皆以石作之。（石臼石杵）

23.炬火取明：輿夫馬丁多撚枯竹作炬，以取明。

24.壽板商行：棺椁曰壽板。

25.石馬在墓：洪山橋，田間有石佛，其側石馬相對峙。土人曰顯官死則建之，未知何理。

26.義塚纍纍：墳墓以白堊塗之，形如波浪，是義塚者也。（墓地）

27.僧眼無字：此地僧侶，大抵不學無識。（僧侶）

28.賽新春聯：有一人置桌於街上，揭招牌曰賽新春聯。應需而揮毫。隨來隨書。

29.神荼鬱壘：有稱神荼鬱壘昆弟二人，能執鬼，故題其名，以防妖凶來襲也。

30.加冠晉祿：門扉題字中，最所多覯者，加冠晉祿之四字也，清人之熱中於仕途，可推知矣。（門前題句）

31.城門閉矣：榕城城門至黃昏閉鎖之，以戒非違，雖有雞鳴狗盜之術，不許開之。（城郭）

32.閒人免進：門扉貼赤紙，題閒人免進四字，以禁奸人闖入。

33.屋有三進：富人築屋，必設三門，不踰越之則不能入堂，稱曰三進禮。（家屋）

34.冷水冷飯：清人洗面不以冷水，又不食冷飯，曰冷水多惡蟲，入口害腸胃，冷飯則乞丐者所食，有住居者不可食也。

35.無一浴堂：此地民户六七萬，無一浴堂。（浴場）

36.石灰如雪：房屋牆壁，以石灰塗之，堅固如石。

37.香煙如縷：閩地產線香，火其一端，蜿蜒螺旋，至三四晝，夜而不滅。

38.醬園豉莊：醬者，所謂味噌者也，豉莊者，即醬油者也。

39.酒庫米行：酒屋者，即酒庫也。米屋者，即米行也。

40.成衣布襪：閩俗裁縫衣服。大抵係男子之手，唯兒女子所穿極簡易，多成於婦人手。

41.慶團綵結：清人最重婚禮，自屋内綴飾。至新人乘輿，皆極華麗新作之。則其費不可計，故賃貸以減其費，可謂便法矣。（婚儀）

42.燒紙可惜：字紙之可敬惜，人皆知之，然燒棄之。所謂暴殄天物者。（惜字亭）

43.爆竹如雷：清人以硝藥作火烽，呼曰爆竹，凡有慶事必發之。（炮竹金紙）

44.冬日可愛：閩地溫暖，竟歲不見雪。

45.當字如山：夫當者金錢融通之津梁，人世不可缺者，唯不以嚴法律之，則滋盜贓。（當鋪）

46.蟹甲上市：葉浮嫩綠酒出，熟橙切香，黄蟹正肥，美味不可名狀。

47.魚市殷賑：閩地魚市場街上魚油滑澤，行者欲顚踣，章程之設，其最急矣。（市場）

48.橋上乞丐：百橋橫江，曰萬壽橋，橋上多乞丐，或橫欄捫虱，或臥地酣睡。醜穢不可正視，使此名橋，無吟月之客。

49.筏上鸕鷀：漁人聯巨竹成筏，呼曰竹船。載鸕鷀二三，發縱以獲魚。（竹筏）

50.紹興陳酒：清人所飲酒，出浙江紹興府者，色如麥酒，酒藏瓶以竹葉包之，以土團覆之，藏愈久而愈美。（紹興酒）

51.彩燈紙面：門楹新聯之外，有假面彩燈，假面以厚紙作之，奇狀異態，滑稽解頤，揭於竿上而賣之，又以赤紙作百種之彩燈，到夜點紅。

52.右避左行：通路甚狹隘，往往欲右避而不能，欲左行而亦不能。

53.糞桶縱橫：閩婦不啻擔重勞力，且當男子所厭污穢物之任，唯運輸之際，不施覆蓋。（不潔）

54.溺水狼藉：清人視污穢如水，不論何處，氾濫狼籍，怪臭撲鼻，滑澾污履。（不潔）

55.吉屋招租：街上貼赤紙。記吉屋招租者，租貸空屋之告知書也。

56.書畫古器：總督衙門之近邦多賣書畫古器者。（尚古）

57.各省會館：各省之在此地，官紳等相謀，設置一集會處，稱曰會館。

58.娛樂猶少：清人娛樂中，在我邦嚴禁者有二，曰鴉烟曰賭博是也。（演戲）

59.租界清潔：萬壽橋之南岸，有外國人居住地，街路廣闊而清潔。

60.諸領事館：各國領事館在丘壠之上，試高而望闊，前臨閩江。

61.五月無雨：閩地自八九月至一二月間，降雨甚稀。

62.二度收穀：閩中之氣候，相同於臺灣，一歲兩度收穀。（農制）

63.未嘗見雪：閩地無雪，非無雪，雖有雪，風溫氣熱不留地也。（火籠）

64.無震無災：閩地震動甚少。

65.虎病鼠疾：閩人之大不幸者，虎病鼠疫之侵襲是也。（斃鼠毒、瘴癘毒）

66.東門溫泉：閩人澡浴唯去塵垢，不爲取快散鬱之用。（浴場）

67.不仕本土：清人凡爲官吏者，不得就職於本地之官衙，必出仕他鄉，以爲定規。

68.軍營題句：一日過某兵營前，見門楹題句。

69.長鞭馬腹：長鞭不及馬腹，是謂其物過大，不適實用也。觀諸於此地之風習，類焉者凡有三，曰辮髮，曰長衣，曰長煙管是也。（鴉煙）

70.仁術猶多：閩醫藥方皆墨守扁倉遺術。不與世遷移。（醫生）

71.卜筮觀相：觀相人術，清人信仰思想甚薄。

72.照相畫像：以鏡映寫其眞相者，稱曰照相。城之內外成斯業者亦多，唯脩技日尚淺，獨其稱盧山軒者稍可觀。

73.商家題句：見一商家之柱聯曰，大學十章終言利，一部周官半理財。夫利之爲言理也，融通財力，培養國本也。（門前題句）

74.有桑無蠶：閩地桑樹偉大，而養蠶者甚鮮，曰此地炎熱，難成效。

75.廿年癮斷：見藥房招牌有「廿年癮斷」四字，有感而發。（鴉煙）

76.書畫潢裝：清人潢裝之技甚拙，未經數年，往往破裂。

77.不藏刀劍：清人藏文具而不藏武器，偶有焉，皆鏽澁鈍折不堪用，習俗然也。

78.遊環碧池館記：1903年農曆12月初，遊福州北門街吳氏庭園，武備學堂學生吳雄接待之。

79.學堂十三趣：學堂係舊巡撫廳舍。門高壁厚，儼然如城郭。而其中廣闊。其間所映眼觸情者，隨記以備異日之遺忘。

80.遊鼓山記：皷山者，閩省東門外三里許，福郡之鎮山也。1903年農曆年末與邊見、巖切二君約遊焉。

81.登烏石山記：福州烏石山則以奇峭勝，一名道山，1904年1月與學生某偕遊。

82.遊玉尺山房記：榕城郭氏之玉尺山房，在光祿坊，武備學堂學生郭學遠邀遊其家庭園。

83.白水園觀梅記：烏峰之南麓，有園曰白水園，爲劉氏之別墅。友人橋本某甫寓焉。花晨月夕，必往訪之。

84.芭蕉記：學堂北隅有芭蕉數十株，係僚友瀧澤君所手植，閱年僅二，已鬱然成林。余愛之，常盤桓其下。

85.遊閩江記：閩之爲州，山高谷深，通路甚嶮，唯一水貫流中央，不乏舟楫之利，而沿岸之風光，可觀者亦多。1904年4月旬日，與瀧澤、巖切兩君往遊焉。

從以上篇目看來，雖不若《臺風雜記》篇目之多，但其實有不少條目在《臺風雜記》也有相似的條目名稱。茲將《臺風雜記》相似的條目名稱，列在《閩風雜記》相關條目的內容簡述之後，並用橘色字體標出，供讀者參酌對照。

大致上，《閩風雜記》的77個條目式的風俗記錄中，在《臺風雜記》可以找到相對應的條目者，共有38條。雖然是相似的條目，但是記述的風俗內容未必一樣，下文第七節會詳細分析《閩風雜記》與《臺風雜記》所記錄的兩地風俗習慣上的異同之處。

《閩風雜記》的八則寫景與遊記類的長篇文字，在《臺風雜記》完全找不到相對應的篇章。不過《臺風雜記》有一則〈庭園〉提到了板橋林家花園與臺南四春園，《閩風雜記》所記錄的環碧池館、玉尺山房、白水園也是庭園。《臺風雜記》有一則〈新高山〉，相較於《閩風雜記》有關鼓山與烏石山之長篇遊記，〈新高山〉只是短短數行之條目式的記錄而已。爲什麼《臺風雜記》沒有遊記類的篇章，而《閩風雜記》卻有長篇的遊記寫景之作，其意義如何解讀，將在下文第九節有所論述。

四、《閩風雜記》與《臺風雜記》之比較簡表

如果把《閩風雜記》和《臺風雜記》的出版資訊、格式與內容各要項列出簡表如下，可帶出下節起更詳細的分項討論兩者之間的異同。

項目	閩風雜記	臺風雜記
出版年	1904	1903
寫作年	1903夏-1904夏	1895-1898
寫作目的	臺風雜記之續／有補於同文之勸勉	供施政之參考
內容重點	記錄與臺灣風俗稍異之部分	記日本風俗之相異者
則數	85（99）	110（114）
序者	爵南生	後藤新平
遊記	七則	無
跋者	無	橋本矯堂
評者	吳懋昭、鄧祖庚、鄧筱仙	山田濟齋、橋本矯堂、細田劍堂、一臺人
評曰	僅十評，二曰，一讀後記	每則皆有，文長，有時加又曰
構作群	無	有

項目	閩風雜記	臺風雜記
自序文	四行	五行
每則名稱	全為四字（遊記之外）	或二字或三字或四字，二字較多
涉及日本風俗	不少（一半左右）	每則皆有
提及當地人	前巡撫鄂氏、學生郭學遠、學生吳雄、通譯邱生	朱一貴、劉銘傳、陳某
主要落腳處	武備學堂（榕城）	臺島各地
作者身份	武備學堂教席（1903年秋）	殖民官
作者情感	偶客於茲	遭鼓盆厄
殖民文獻	非	是

以下就《閩風雜記》與《臺風雜記》的分析主要分成：成書過程與寫作目的、體例、閩臺風俗內容、涉及之日本風俗、長篇遊記的意義、比較民俗學的意義等各項，來討論和比較兩書之異同。

五、《閩風雜記》與《臺風雜記》成書過程與寫作目的之比較

《閩風雜記》是佐倉孫三在1903年秋到福州武備學堂擔任教習，利用公餘之暇撰述的隨筆，其實佐倉在1903年夏天就到福建（參見佐倉的自序）。此書序文（爵南生撰）寫於1904年初夏，可見作者以不到一年的時間就完成此書的撰寫與出版。相較《臺風雜記》而言，主要的作品完成於1895-1898之間，最後一則卻是在相隔五年之後、出版之前才完成，從初撰到出版，前後八年。兩書成書時間長短差異很大，其原因可推斷如下：（一）在臺任職期間，妻子之逝，大受打擊，返回日本，或許乏力整理文稿，或許有意忘卻履臺之記憶而牽延多年，方始出版。（二）在臺期間公務繁忙、南北奔走，餘暇不多，只是抽空撰寫。而在閩期間教務應相

對輕鬆，餘暇甚多，成書自然較快。

然而兩書出版日期相距只有一年，如此密集接近的出版，是否意味著什麼呢？佐倉先生或許不無在前書讀者（主要訴求的對象應是臺灣人）記憶仍新時，有機會閱讀後書時能產生臺、閩風俗相互比較的作用，或是後書讀者（主要訴求的對象應是福建人），如有機會閱讀前書，也能興起比較的興味。畢竟作者也說互相比較閩風和臺風的差異，是他寫作《閩風雜記》的背景動機，也可以說是主要目的之一。

佐倉孫三寫作《閩風雜記》，序文一開頭即提到《臺風雜記》：

> 余曾宦臺灣，公餘摘記其風土習俗之相異者百餘，名曰臺風雜記，以附剞劂。昨夏游閩，以前所觀，比今所見，則概相同。唯彼地近時人文稍開，此土則仍漢唐相沿之舊，風尚稍異。乃記以續之，雖不無蛇足之訕，然微意所存，苟有補於同文勸勉之一端，則何幸如之。
>
> 達山識

一句「以前所觀，比今所見，則概相同。唯彼地近時人文稍開，此土則仍漢唐相沿之舊」，佐倉概說了臺灣風俗與福建風俗的大同與小異之處。言下之意，也不無臺灣經日本統治一些時日（1895-1904）之後，就能有所進步而「人文稍開」，反觀福建則仍是「漢唐相沿之舊」，殖民者的驕傲隱然可見。

佐倉孫三在寫作《臺風雜記》時，在自序裏明言：「以供施政之資料」，作爲一個殖民官，而且是戮力以赴、有抱負的殖民官。他爲日本國盡忠效勞的武者遺風，將公餘之暇所完成的臺灣風俗紀錄，作爲施政之參考的寫作目的，是很自然的事。也因此寫完《臺風雜記》，在他離職多年，也離開臺灣多年之後，他仍請原職單位的最高首長後藤新平民政長官作序，可以想見佐倉孫三的報國之忱。後藤新平擔任臺灣總督府民政長官長達八年之久，對日本殖民臺灣的殖民政策與殖民施爲影響甚大。雖然我們很難詳細考察佐倉孫三在《臺風雜記》對殖民政府所做的一些建言，實際上產生的影響爲何，但是佐倉以臺灣做爲日本的新附之地，如何經營管理的關切之情，在《臺風雜記》一書裏，不時可見。這也可以理解爲什麼佐倉在離開臺灣間隔七、八年，也就是一段優哉游哉的旅閩歲月之後，仍然再度回到臺灣，爲殖民政府效力。

至於《閩風雜記》的寫作目的，由作者自序可以看出，對作者而言，《閩風雜記》是他接續《臺風雜記》之作，兩者之間，有連續性的關係，目的是希望能有補於同文之勸勉。作者以日中兩國是同文同種的兄弟之邦，我記錄你國（中國）的風俗習慣，也稍微談一下我國（日本）的風俗習慣，彼此互相瞭解，互相勸勉，如此平等的書寫姿態，一開始就清楚的表明了。比之《臺風雜記》作者的自序，一開始就談乙未之事，談「臺澎爲我領土」，談他任職總督府民政局，作爲殖民官的書寫姿態，也是一開始就表明了。

然而，這裏要提醒讀者的是作者明言的目的之外，可能還有未能明言或無法明言的寫作目的，是我們可以推測的作者的用意與用心所在。我在論述《臺風雜記》時，曾經提到雖然佐倉孫三書寫《臺風雜記》，目的是要做爲施政之參考，希望統治臺灣的日本官員能夠知曉臺灣風俗，但是從他用漢文寫作，可以推知作者應不無寫給臺灣人看的意圖，用漢文書寫不只是爲了溝通的目的，作者顯示他的漢文造詣，也可以爭取臺灣士人的向心力（林美容，2004：16）。再加上《臺風雜記》幾乎是一對一的述及日本的風俗，讓被統治的臺灣人認識日本的風俗與文化，特別是作者筆下日本文明開化的一面，藉此加強臺灣人的向心力，應該也是作者未能明言的寫作目的。

那麼，《閩風雜記》是否也有像這樣隱藏的目的呢？由於佐倉作客他鄉的身份，且日中兩國並沒有像日臺之間統治與被統治的客觀情勢，《臺風雜記》之寫作大概很難尋出「同文勸勉」之外更多的作者之微意了。

六、《閩風雜記》與《臺風雜記》體例之異同

《閩風雜記》與《臺風雜記》看起來書名相似，按題逐條撰述的體例也相似，但是仔細考察，卻能發現其中許多差異之處。

(一)《閩風雜記》有遊記，《臺風雜記》沒有

《閩風雜記》自第78篇後，共有七篇遊記，即〈遊環碧池館記〉、〈遊鼓山記〉、〈登烏石山記〉、〈遊玉尺山房記〉、〈白水園觀梅記〉、〈芭蕉記〉、〈遊閩江記〉。每一篇遊記的篇幅都很長，不像前面條目式的風俗記錄，遊記表現作者的行腳、見聞、交友、胸懷、感觸等等，而且有更細緻的描述與吟詠。《閩風雜記》的遊記類篇章，顯示作者在福建與在臺灣時，角色身份上的巨大差異，雖然一樣是工作，但在臺灣是四處奔忙的殖民警官，在福建是客卿身份，寓居學堂之內，閒暇之餘，遊山玩水，遊記之作自是當然。不過，也更顯得《臺風雜記》在作者倥傯仕事當中，努力成書的不易與可貴。

(二)《閩風雜記》作序者爲作者朋友，《臺風雜記》作序者爲作者長官

爲《臺風雜記》寫序的後藤新平，1895年就受聘擔任臺灣總督府衛生顧問，1898年3月擔任總督府民政長官，在臺期間共8年8個月，是臺灣現代化建設的推動者。他的序文中說：「聞君曾奉職茲土」，顯示後藤寫序時，佐倉先生並不在臺灣，似乎佐倉也不曾是後藤的屬下，所以後藤用聽說他曾在臺灣任職的語氣。不過，佐倉所任職的警務工作，屬民政長官管轄，或許佐倉孫三在日本的時候，趁後藤新平赴臺就任前，在日本和後

藤新平見過面，因此才會如後藤在序言中所言：「達山佐倉君著臺風雜記者，徵序余。」後藤新平作序的時間是1903年2月。直接將稿件奉陳新任民政長官，如此方能達到佐倉寫作《臺風雜記》時之主要目的：「以供施政之資料」。

至於《臺風雜記》書前所附的三島中洲的詩共有七言絕句八首，是他在1895年8月中所寫寄給佐倉先生的詩，主要是對當時臺灣所見所聞的感懷。其中有一首「四處戰爭流血腥，頑民抗敵户皆扃，天然村落好城堡，篁竹森森遶宅青」，還被本書的評者引用到「竹籬」一則中。

三島中洲即三島毅，生於1830年，卒於1915年，日本備中國窪屋村中島村（今岡山縣倉敷市）出生，漢學家，與重野成齋、川田甕江並稱明治三大文宗，明治10年（1877）罷官，在東京開設家塾，稱二松學舍，與慶應義塾、同人社並稱三大塾，之後亦曾在東京高等師範學校及東京帝大古典科擔任教職。三島中洲著作等身，門人甚多（竹林貫一1969：1346-1350）。佐倉孫三到福建任職之前，曾登門拜訪恩師，三島中洲對他勸勉有加，如佐倉所言：「因憶余應聘赴福州學堂也，謁先生告別先生慨然曰，足下赴彼土，宜以報孔聖之舊恩爲念焉。」

(三)《閩風雜記》評論者爲中國人，《臺風雜記》評論者主要爲日本人

評論《閩風雜記》的有三個人，都是佐倉孫三在福建的友人，吳懋昭、鄧祖庚與鄧筱仙；嚴格說起來，並沒有眞正的評論，主要是佐倉孫三以文會友，將其書寫之遊記，請其中國友人共賞，賞者簡單的佳評之應酬語。《閩風雜記》前面77篇都是像《臺風雜記》那樣的風俗記錄，之後有吳懋昭簡單的評論：「陋俗荷高文點染，讀竟自笑，善隣之勸，尤佩厚誼。」短短數語，只是應酬之作。《達山文稿》裏則把這個評論刪除了。

《臺風雜記》的四個評者當中，橋本武可能是佐倉孫三在臺灣最重要的朋友，因此他還在書後寫了一篇跋，他提到他在臺灣期間，對臺灣的風土人情「欲記以備忘久矣！而毛錐子不從意，鐵目鉢心，未及成而已」，可見當時文人多有記錄奇風異俗的想法，關鍵只在於筆快不快而已。

另一評者是山田準，字士表，號濟齋，日本岡山縣人，生於1867年，卒於1952年。他是漢學者，也是三島中洲的門下生，因此與作者佐倉孫三誼屬同門。山田曾創王學會，講授王守仁《傳習錄》，是日本陽明學者（竹林貫一編1969：1918）。因此可以猜測本書〈土匪〉一則的「評曰」提到王陽明的話，應該是山田濟齋所寫。山田濟齋和佐倉孫三的關係非淺，除了評論《臺風雜記》，《達山文稿》裏附了一篇山田濟齋所寫的〈佐倉達山傳〉，該書也收錄了佐倉孫三所寫的一篇〈濟齋山田君七十壽序〉，佐倉死後，也是山田濟齋爲他立碑，[40]可見兩人交情密切，實生死之交。

(四)《閩風雜記》偏向是單一作者之作品，《臺風雜記》則明顯有共作群

《臺風雜記》這本書在1903年由東京國光社出版，作者佐倉孫三，書前有作者的長官後藤新平作序，作者的漢文老師三島中洲（即三島毅）題詩，書後有作者的朋友橋本武寫跋。全書共110頁，正文共110條，最後一條「生蕃」還有附尾四條，因此總共有114條。每條均有條目，每條之後均有「評曰」，有些評曰之後，還加上「又曰」，是作者佐倉孫三的朋友橋本矯堂（即橋本武）、細田劒堂、山田濟齋及一位在臺灣新報的臺灣人記者（作者未提其名）所寫的，針對作者正文所述的內容予以評論。不過，哪一條「評曰」是何人所寫，完全看不出來，最初可能以爲評曰是作者所寫，及至看到書後最後兩行作者的按語，才知道是由上述幾位作者的友人諸君所寫。寫評語的這四個人應該都是作者在臺灣的朋友。以橋本武

[40] 佐倉孫三的墓碑，參見林美容編譯，《白話圖說臺風雜記—臺日風俗一百年》（臺北：台灣書房，2007），頁25。

爲例，他在跋中說：「亦久在此地，從事育英」，可見他是在臺灣教書的日本人。而山田濟齋則與佐倉孫三是同門師兄弟，同樣受業於三島毅門下。因此，《臺風雜記》雖是佐倉孫三所作，但是共同構作此書的還有後藤新平、三島中洲、橋本矯堂、細田劒堂、山田濟齋等人，主要都是日本人，可能作者佐倉孫三也有意突顯此點，故隱去評論者之一的某臺籍人士之名。

七、《閩風雜記》與《臺風雜記》閩、臺風俗內容之異同比較

佐倉孫三在其《閩風雜記》的序言裏，開宗明義地說到《閩風雜記》是賡續《臺風雜記》，記錄閩風與臺風之大同小異之處，並作爲一個日本人與中國人之互相勸勉的用意。序文說：

> 余曾宦臺灣，公餘摘記其風土習俗之相異者百餘，名曰臺風雜記，以附剞劂。昨夏游閩，以前所觀，比今所見，則概相同。唯彼地近時人文稍開，此土則仍漢唐相沿之舊，風尚稍異，乃記以續之。雖不無蛇足之誚，然微意所存，苟有補於同文勸勉之一端，則何幸如之。

本節主要整理《閩風雜記》與《臺風雜記》文本內容中有關兩地風俗之異同的部分。

《閩風雜記》對於婦女的敘述只有三則：〈婦人勞力〉、〈頭上帶劒〉、〈耳環如輪〉，遠不及《臺風雜記》對婦女相關風俗的觀察與記錄（共十一則）。《臺風雜記》記錄了彼時臺灣婦女纏足的情況，男女分別與分工的情況，婦女教育不興的情況，婦女洗衣的情況，奴婢與童養媳的情況，婦女善修飾，老婦喜歡戴花簪，一般人喜歡圓臉，以及歌妓、揀茶的婦女與賣淫的婦女的情況。一個很明顯的區別是，臺灣婦女大多纏足，但是佐倉孫三在福州所見卻是：「安知此州婦女，除富室閨閣賣笑歌妓等

外，大抵不纏足。」[41]並且詳述了福州婦女做各種勞力工作的情況。佐倉所述福州婦女大多不纏足，出乎我的意料之外，不過，他也提到並非完全沒有纏足，有錢人家的小姐或是歡場賣笑的歌妓也是有纏足的。纏足作爲富者階級身份的象徵，與男人賞玩的意涵，不言可喻。福建沿海有蛋民，以舟爲屋，故不纏足，有關福州的蛋民，時有所聞，當今亦然。而福州婦女非常強勢，内外兼長，[42]這恐怕是福州婦女大多不纏足的主因。

《臺風雜記》裏對臺灣婦女有許多的欣賞與讚嘆，敘述的篇幅很多，但是佐倉孫三對福建婦女卻不甚關注，大致的印象只是新奇，說爲什麼婦女頭上戴的銀笄像刀劍一樣，耳環像桶輪一樣，佐倉的形容詞：「宛然如鍾將軍像」、「其任重矣」，可以推知福州婦女給佐倉的印象是很男性化的。

《閩風雜記》對於醫藥衛生方面的相關風俗也差不多和《臺風雜記》一樣同等重視，相關的記錄有十則：〈同病相黨〉、〈無一浴堂〉、〈魚市殷賑〉、〈糞桶縱橫〉、〈溺水狼籍〉、〈租界清潔〉、〈虎病鼠疫〉、〈東門溫泉〉、〈仁術猶多〉、〈廿年癮斷〉，《臺風雜記》則有十一則之多。

《閩風雜記》對於宗教禮俗的描述有十五則之多，即〈途上多僧〉、〈封榕如神〉、〈水陸不婚〉、〈敬惜字紙〉、〈華表林立〉、〈壽板商行〉、〈義塚壘壘〉、〈僧眼無字〉、〈賽新春聯〉、〈神荼鬱壘〉、〈香煙如縷〉、〈慶團綵結〉、〈燒紙可惜〉、〈爆竹如雷〉、〈卜筮觀相〉，《臺風雜記》也一樣有十五則。宗教禮俗是一個文化裏相當核心的部分，耳聞目睹都很容易觀察到與

41 見〈婦人勞力〉一則。

42 這是我2009年去福州開會，主辦會議的單位其領導是一位福州女性，從她本人給我的印象還有她所述的福州婦女，讓我感覺福州婦女不僅萬般家事，粗活細活都能做，家裏以外的事，她們也有很大的掌控權。

宗教禮俗相關的現象，佐倉對閩、臺兩地宗教禮俗的記錄算是蠻多的。[43]

《閩風雜記》有關衣食住行育樂的相關風俗記錄共有二十則：〈街上無車〉、〈牽牛賣乳〉、〈鼈不可食〉、〈犬貓不爭〉、〈斫石如木〉、〈炬火取明〉、〈城門閉矣〉、〈閒人免進〉、〈屋有三進〉、〈冷水冷飯〉、〈石灰如雪〉、〈醬園豉莊〉、〈酒庫米行〉、〈成衣布襪〉、〈蟹甲上市〉、〈橋上乞丐〉、〈紹興陳酒〉、〈右避左行〉、〈吉屋招租〉、〈娛樂猶少〉、〈長鞭馬腹〉，比之《臺風雜記》相關的紀錄十八則，不遑多讓。

《閩風雜記》有關工藝器物的條目共有五則：〈彩燈紙面〉、〈書畫古器〉、〈照相畫像〉、〈書畫潢裝〉、〈不藏刀劍〉，《臺風雜記》則描述頗多，共九則可見臺灣的工藝器物較能引起佐倉的興趣，可能也是因爲和經濟利益有關之故。

《閩風雜記》有關農漁商業的相關條目只有五則：〈當字如山〉、〈筏上鸕鷀〉、〈二度收穀〉、〈商家題句〉、〈有桑無蠶〉，《臺風雜記》只含農漁業就有十五則之多，可見佐倉孫三對於成爲殖民地的臺灣之農漁產業，關注有加。

《閩風雜記》關於山川氣候物產的相關條目共有六則：〈荔枝成林〉、〈烏有白翎〉、〈冬日可愛〉、〈五月無雨〉、〈未嘗見雪〉、〈無震無災〉，《臺風雜記》則將山川人民歸爲一類，共有四則加附則四則。《閩風雜記》雖有一則述及福建的蛋民：〈水陸不婚〉，但是已經歸類在宗教禮俗，所以就沒有另外成一類。

《閩風雜記》有一類是有關官僚的風俗紀錄，共有十二則：〈桎梏示人〉、〈肩輿色別〉、〈冠玉有差〉、〈騶從如雲〉、〈衙門畫繪〉、〈學位

[43] 比較同樣在二十世紀初葉井田麟鹿對澎湖風土進行記錄的，他的《澎湖風土記》一書，對於澎湖的宗教禮俗所述甚少。

標榜〉、〈石馬在墓〉、〈加冠晉祿〉、〈各省會館〉、〈諸領事館〉、〈不仕本土〉、〈軍營題句〉。或許因爲福州是省城所在，衙門多，官員往來多，佐倉的紀錄也就多。反觀《臺風雜記》並無相關的記載，清代臺灣當然也有官員，也有衙門，但殖民統治的意義在取代先前的統治者，即使臺灣有一些官衙舊蹟，有些官場遺風，佐倉也不屑去記錄了。

原本《臺風雜記》有教育篇之內容，《閩風雜記》相關的風俗記錄有：〈敬惜字紙〉和〈燒紙可惜〉這兩條和惜字相關的條目，但是已集中歸屬在宗教禮俗類，因此《閩風雜記》就沒有教育類的相關內容了。

原本《臺風雜記》有的財貨篇之內容，《閩風雜記》相關的風俗記錄有：〈當字如山〉，是有關典當業，然我將之被歸類在上述的農漁商業，因此《閩風雜記》也就沒有財貨類了。

《閩風雜記》雖然作者說是接續《臺風雜記》之作，但書中直接提及臺灣的風俗記錄只有一則，即〈二度收穀〉，其文云：「閩中之氣候，相同於臺灣，一歲兩度收穀」。當然臺灣的風俗和福建相同或相似的很多，佐倉筆下閩臺風俗相同的，還有：都不吃鼈，都有鼠疫、瘧疾、霍亂等傳染病，另外，臺灣和福建一樣其實都有榕樹公，但佐倉只談臺灣的榕樹，而未述及榕樹公。其他差異之處，如閩婦不纏足，臺婦則纏足，福建沒有地震，臺灣有地震，福建有蛋民，臺灣有土蕃，福建僧人知識水平不高，臺灣婦女知識水平不高，兩相比照，可以得知一百年前兩地風土人情之大要。以下列出兩書風俗內容較易互相比較異同的簡表：

《閩風雜記》	《臺風雜記》	異／同
婦女大多不纏足（婦人勞力）	大多纏足（纏足）	異
婦女頭上銀簪如劍耳環如輪（頭上帶 、耳環如輪）	婦女頭上多花飾	異
很多榕樹公（封榕如神）	談榕樹不談榕樹公	異
不食鼈（鼈不可食）	不敢食鼈（魚鼈）	同
僧眼無字	婦眼無字	異
無澡堂（無一浴堂）	有澡堂	異
二穫（二度收穀）	二穫	同
沒有地震（無震無災）	有地震	異
虎病鼠疫	斃鼠毒、瘴癘毒	同
有蕃民	有原住民	異

八、《閩風雜記》有關日本風俗之記錄

雖然不像《臺風雜記》每一則都有關於日本風俗的對照性的敘述與評述，但是在《閩風雜記》全部85篇的文章中，一共有43篇提及日本的風俗，這是做爲日本人的佐倉孫三在進行跨文化的民俗書寫時，很自然的一種自我參照（self reference）。不過這樣的自我參照比例，更突顯他在《臺風雜記》的跨文化民俗書寫中，百分之一百的自我參照比例，很明白的是一種刻意要告訴被殖民的臺灣人有關日本民情風俗的用意（林美容，2004：16-20）。以下把《閩風雜記》提及有關日本風俗的內容與條目逐一列舉如下：

1. 茘支似我邦柏，而葉如桂，其花白，其實甘（茘枝成林）
2. 野僧與日本僧人情況完全相反（途上多僧）

3. 我邦養牛者，有一定廊舍（牽牛賣乳）
4. 此地家室之制與我邦相異（犬貓不爭）
5. 肩輿之輿方三尺許，形似我邦神輿（肩輿色別）
6. 官人往來猶我邦封建時代諸侯通行狀（騶從如雲）
7. 我邦築屋大抵用木材，如石則不過爲礎砌（斫石如木）
8. 我邦則反是，人賣葬具者，店上揭招牌，大書葬具（壽板商行）
9. 唐時我邦僧空海（僧眼無字）
10. 我邦商家所揭招牌，俗曰看板（賽新春聯）
11. 我邦俗亦有類焉，當瘧疫流行時，書源爲朝三字，貼門扉，以驅疫癘（神荼鬱壘）
12. 聞清人遊我邦公園者，看樹枝不可折取之禁標（閒人免進）
13. 我邦設門必一，踰門有階段，俗曰玄關，踰之有等候室，不過之則不能入居室（屋有三進）
14. 我邦則反是，大抵以冷水洗面，又嚥下冷水而不顧，如飯則早朝炊之，午牌與晚食則食冷飯（冷水冷飯）
15. 我邦人好澡浴（無一浴堂）
16. 醬者，我邦俗所謂味噌者也。又有鼓莊者，即我邦所謂醬油者也（醬園鼓莊）
17. 我邦商賈，以屋字爲商號，其稱酒屋者，即此酒庫也，稱米屋者，即此地之，米行也（酒庫米行）
18. 我邦亦有成衣人，俗稱曰仕立屋。清人稱足衣曰布襪，我邦所謂足袋是也。店上揭牌書布襪莊者，即我邦之足袋屋者也（成衣布襪）
19. 我邦華燭洞房之器皆新作之，爲立葬儀之具，則如此地慶團貸與之（慶團綵結）

20.我邦人變故紙爲新紙（燒紙可惜）

21.我邦人亦好火烽，呼曰狼煙。我邦人之氣質固如狼煙（爆竹如雷）

22.余輩生於寒國，不畏冬而畏夏（冬日可愛）

23.猶我邦之質店也（當字如山）

24.我邦有魚市場章程（魚市殷賑）

25.我邦之酣醉淋漓之態（紹興陳酒）

26.我邦正月飾松竹於門前、望注連於楣間，盂蘭盆節則懸彩燈，以祭祖先之靈（彩燈紙面）

27.我邦近來設通行迴避之法（右避左行）

28.我邦掃除廁圊者（糞桶縱橫）

29.我邦欲貸屋於人者，書貸屋二字於紙，貼屋壁（吉屋招租）

30.我邦亦有華族會館者，爲貴族集會所（各省會館）

31.我邦人所最嗜，自演劇角觝講古謠曲踏舞點茶插花之屬，唯清人娛樂中，在我邦嚴禁者，有二，曰鴉煙，曰賭博（娛樂猶少）

32.而我領事館在其中央……（諸領事館）

33.是以農人之勞半於我邦，而收穫則倍之（二度收穀）

34.余生長於雪國，每對閩人説雪景（未嘗見雪）

35.我邦近時衛生之術莫不研究，而時未免有疫病（虎病鼠疫）

36.我邦封建之時，士人皆大髻長袴，帶兩刀（長鞭馬腹）

37.我邦昔時皆奉軒嶷氏術（仁術猶多）

38.我邦人則反是，信仰之念甚熾，而投機之心，亦甚盛（卜筮觀相）

39.我邦人木村某曾游此地所傳云（照相畫像）

40.我邦以武建國，劍爲神器之一（不藏刀劍）

41.此山城之景，不讓我邦愛宕田野之趣（登烏石山記）

42.憶我邦所產者，莖闊不出二尺，高只六七尺，花亦隔數年而開，至冬則萎（芭蕉記）

43.大有似我邦不忍他天女祠之風趣（遊閩江記）

細讀上述文字，大約可看出作者對閩、日風俗之比較，大多是什麼項目相似，什麼項目福建如何而日本又如何。也就是說作者大多只做客觀的敘述，而少做主觀的意見評述，諸如你高我低，你野我文，什麼風俗你方或我方應該學習等語，這類在《臺風雜記》常會出現的話語，在《閩風雜記》則很少出現，如果有，語氣也非常委婉。一如在《臺風雜記》，《閩風雜記》會提及的日本風俗較好的地方主要是在清潔衛生方面，以及僧人的素養方面。譬如描述道路上很多野僧的「途上多僧」一則，作者頂多祇是一句：「其狀全與我邦相反」。由此可見對殖民地臺灣，佐倉孫三對臺灣的主觀情感絕對不同於他客寓福建時，彷如第三者的客觀中立情感。一樣的作者，相近的筆調，然而筆觸卻能有全然的不同。佐倉寫作這兩本書可以給我們如斯的文學啓示。

九、《閩風雜記》之長篇遊記的意義

《閩風雜記》與《臺風雜記》文本內容很明顯的一項差異，就是前者有六篇遊記，而後者卻一篇也無。

其實佐倉孫三在福建的時間長達八年，遊歷之處應該不少，除了《閩風雜記》所收錄的六篇遊記，在他的著作《達山文稿》裏記錄佐倉孫三還遊歷了黃檗山，寫了一篇〈遊黃檗山記〉。另外他在閩期間常常去高洲領事[44]的公署，寫了一篇〈聽月樓記〉，也可算是一篇遊記。

44 當時日本駐清領事高洲，尚未能考察其人為誰，但可能是指1909-1911年日本駐福州領事高洲太助。

遊記篇名	遊歷時間	遊歷因緣與同遊者
遊環碧池館記	癸卯臘月初六	應學生吳雄之邀與同僚某氏同遊
遊鼓山記	癸卯臘月廿八	與邊見、巖切二君同遊
登烏石山記	甲辰一月十日	與學生某同遊
遊玉尺山房記		郭生學遠邀遊其家庭園
白水園觀梅記		橋本某甫所住之劉氏別墅
遊閩江記	四月旬日	與瀧澤、巖切兩君同遊
遊黃檗山記	丁未[45]八月十七日	隨通譯邱生，與相澤律師同遊
聽月樓記		高洲領事之公署

由上表可知，《閩風雜記》中的遊記，其遊歷的時間是在西元1903年的癸卯年年末，到1904年的甲辰年四月之間，只是他旅閩八年的初期之遊，但是他大部分的遊記都在此時完成。

佐倉孫三在福州的遊歷，大多有學生或同事或朋友作陪或接待。有些遊歷的景點是學生的宅第或庭園，例如環碧池館是學生吳雄家的吳氏庭園，玉尺山房是學生郭學遠的宅第，邀約師長往遊，以盡地主之誼，佐倉也就有機會仔細遊賞。而鼓山、烏石山與閩江是福州的名山勝水，佐倉與同伴偕遊，盡覽其勝。這些遊記除了景物勝蹟的描繪之外，也可以瞭解佐倉孫三在福州交友的情況。他不僅透過學生的關係，與其家人相識交陪，而他的一些同事其實是舊友，像邊見、巖切兩位同事，與佐倉都是二松學舍同窗的舊友。

然而，這些長篇遊記最大的意義不只是在呈現佐倉孫三在福州的交遊關係，從與《臺風雜記》相比較的角度來看，其意義是在展現他在福州客

45 丁未年：指明治40年（1907）。

居生活最豐富的一面。在交通不便的情況下，以及工作的拘束下，他遊歷的範圍並沒有離開福州太遠，然而客居的寂寥時日，他仍能到處遊歷，並受到主人的殷殷款待，佐倉孫三客卿的身份與尊榮，顯現無遺。

十、《閩風雜記》之比較民俗學的意涵

我曾在〈殖民者對殖民地的風俗記錄〉一文中，論述《臺風雜記》之比較民俗學的意義，主要有下列幾點：(一)我們如果從日臺文化之初會遇（first encounter）的角度來看，可以看到日本人眼中對臺灣文化之稀奇、欣賞、讚嘆、疑惑、不解與批判種種的情緒。(二)《臺風雜記》除了有關臺灣風俗的紀錄之外，也述及日本風俗，不僅涉及一般的日本風俗，也涉及日本的地方風俗物產，例如：宇治的茶，東京的庭園，橫濱的烘茶場，高野、奈良、京都的寺廟，佐倉「山葵」（其實是大蒜），鹿兒島的芭蕉，青森與長岡的街道等等，臺灣的讀者讀來頗富興味，臺日風俗相互對照比較的說詞，更讓人低迴省思。(三)基本上《臺風雜記》記錄臺灣風俗的態度，是取其與日本相異者而記之，如作者的前言所說：「摘記臺灣之人情習俗家庭產物等，與我本土相異者」。(四)作者從異文化出發，反觀日本文化，其中不少作者反省性的一些思考，覺得臺灣人哪裏好，日本也無妨多多學習，這點特別對於高高在上的殖民者而言，確實是難能可貴。（林美容，2004：18-20）

那麼，同樣是佐倉孫三所著的《閩風雜記》，又具有怎樣的比較民俗學的意涵呢？雖然從佐倉孫三在《閩風雜記》之自序看起來，《閩風雜記》的主要參考對照的對象是《臺風雜記》，但是作者的行文卻很自然的以作者自身文化體系，也就是作者所浸淫熟悉的日本風俗作爲互相參照比較的對象，正如《臺風雜記》之臺日風俗的互相參照比較，對作者而言，是很自然的事，這也是作者之文化主體性的展現，從自身的文化經驗出發

來詮釋書寫異文化，這可說是一種直接的比較。

反倒是作者自序明言的閩、臺風俗的之比較的目的，在《閩風雜記》的文本中卻毫不顯著，甚至可以說是隱藏的。如前文所述，文本中直接提到有關臺灣的風俗之處，只有〈二度收穀〉這一則。不過，雖然直接述及的臺灣風俗甚少，但是《閩風雜記》與《臺風雜記》這作者重要的民俗著作，拿來兩相比較的話，確實能提供重要的研究素材。

由於《閩風雜記》和《臺風雜記》一樣，都述及大量的日本風俗的紀錄，對於吾人瞭解一百年前甚至是更早之前的日本民俗，也是相當珍貴的資料。如果我們再多加研究佐倉孫三在其漢文著作《達山文稿》裏所記述的日本風俗，會更加瞭解佐倉孫三對東亞民俗所留下的珍貴貢獻。因緣際會使得佐倉足跡跨及臺、閩兩地，基於職責所在而產生的《臺風雜記》，也成了《閩風雜記》誕生的背景因素，而這一切如果沒有佐倉孫三堅實豐厚的漢文素養，也難以達成。佐倉孫三的著作不僅溝通了臺閩兩岸的相互理解，更重要的是他同時溝通了和漢兩族（日本人和漢人）的相互理解，這在一百年前是多麼不容易的事情，佐倉孫三可以說是一百年前罕見的一位比較民俗學者。當然我們不能以現在的比較民俗學的知識積累來評價佐倉孫三的業績，我們只能推測一百年前的東亞社會，很難找到能與佐倉孫三互相媲美的人物。

十一、結語

以上林林總總比較《閩風雜記》和《臺風雜記》，目的是希望讀者對佐倉先生其人與其文有更進一步的認識。因為筆者先前已經有專文和專書讓讀者可以瞭解《臺風雜記》，因此本文對《臺風雜記》並沒有平等篇幅的敘述與論述，而是主要在介紹《閩風雜記》及其內容，並舉出一些可以和《臺風雜記》來相比較的面向，藉此瞭解佐倉孫三在進行跨文化的民俗書寫時，其在閩臺兩地不同的身份與角色，確實影響他書寫的內容與風格。簡言之，相對於《臺風雜記》是一本殖民者文獻（林美容，2004：16-18），但是《閩風雜記》不是。這個差別反映在作者自述的寫作目的與一些未明言的寫作動機，也反映在文本中《臺風雜記》較多主觀情感的表達，與《閩風雜記》較偏向客觀中立的敘述方式。另外，相較於《臺風雜記》在初代的殖民官倥偬奔忙的工作條件下寫作，其政治上的動機性更強，更顯得《閩風雜記》是客居閩地爲教席，工作相對輕鬆，充滿悠閒意趣的作品，雖然也顯露了一些作者和閩地文人雅士相交遊與相勸勉的用意，沒有什麼特別的政治動機。從佐倉孫三跨文化的民俗書寫經驗中，我們也可以理解到自身文化永遠是理解他人文化的重要出發點，文化相對論告訴我們要儘量客觀中立的看待異文化各自獨特的文化價值與意義。但是不同的文化之間相互的主體性，也需要被尊重，因此佐倉孫三在書寫閩臺兩地的風俗，以其自身的日本文化來相互對照，應該也是可以理解的。

（本文修改自《漢學研究》28:4=63（2010.12），頁261-294。）

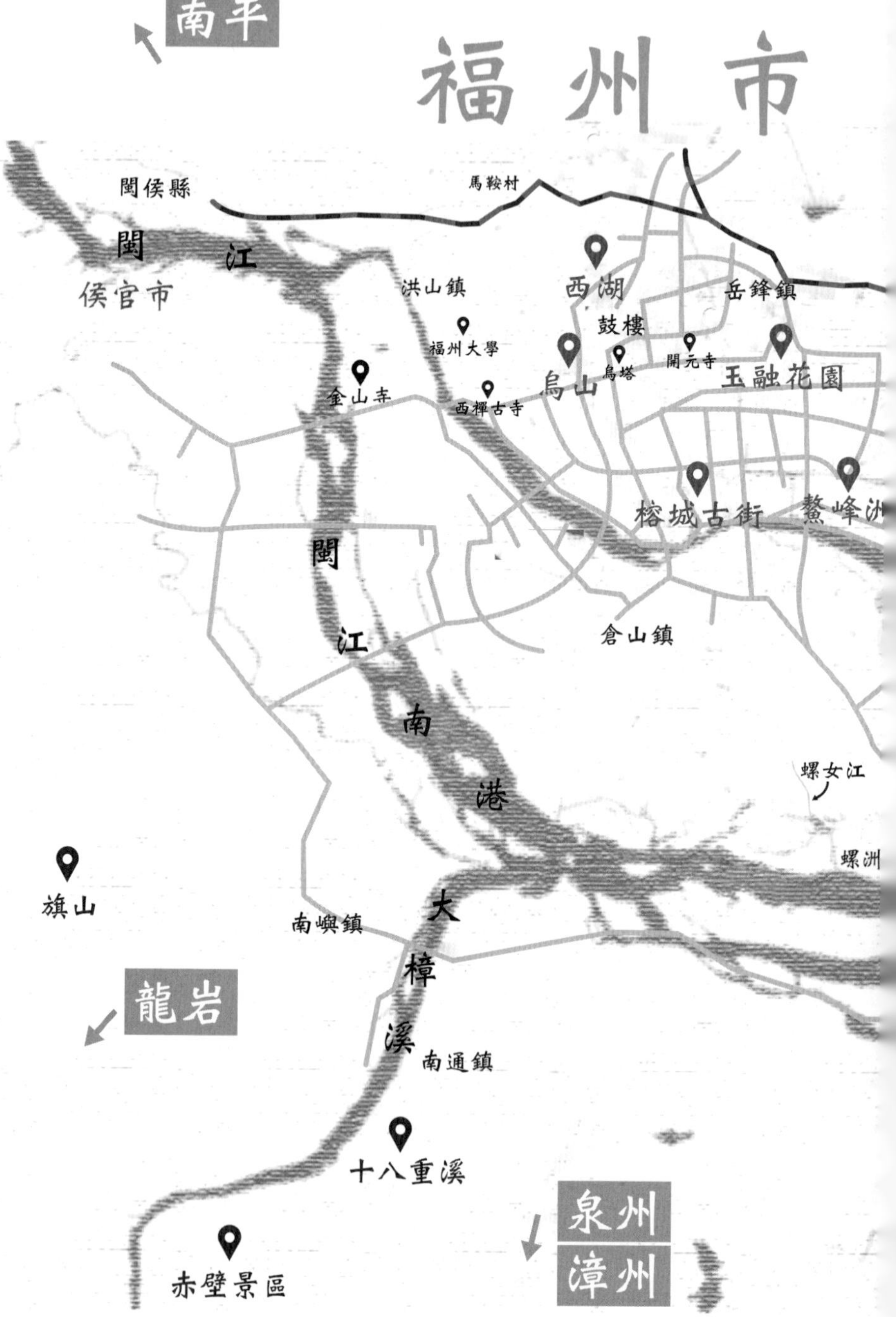

*佐倉孫山遊歷的足跡範圍。

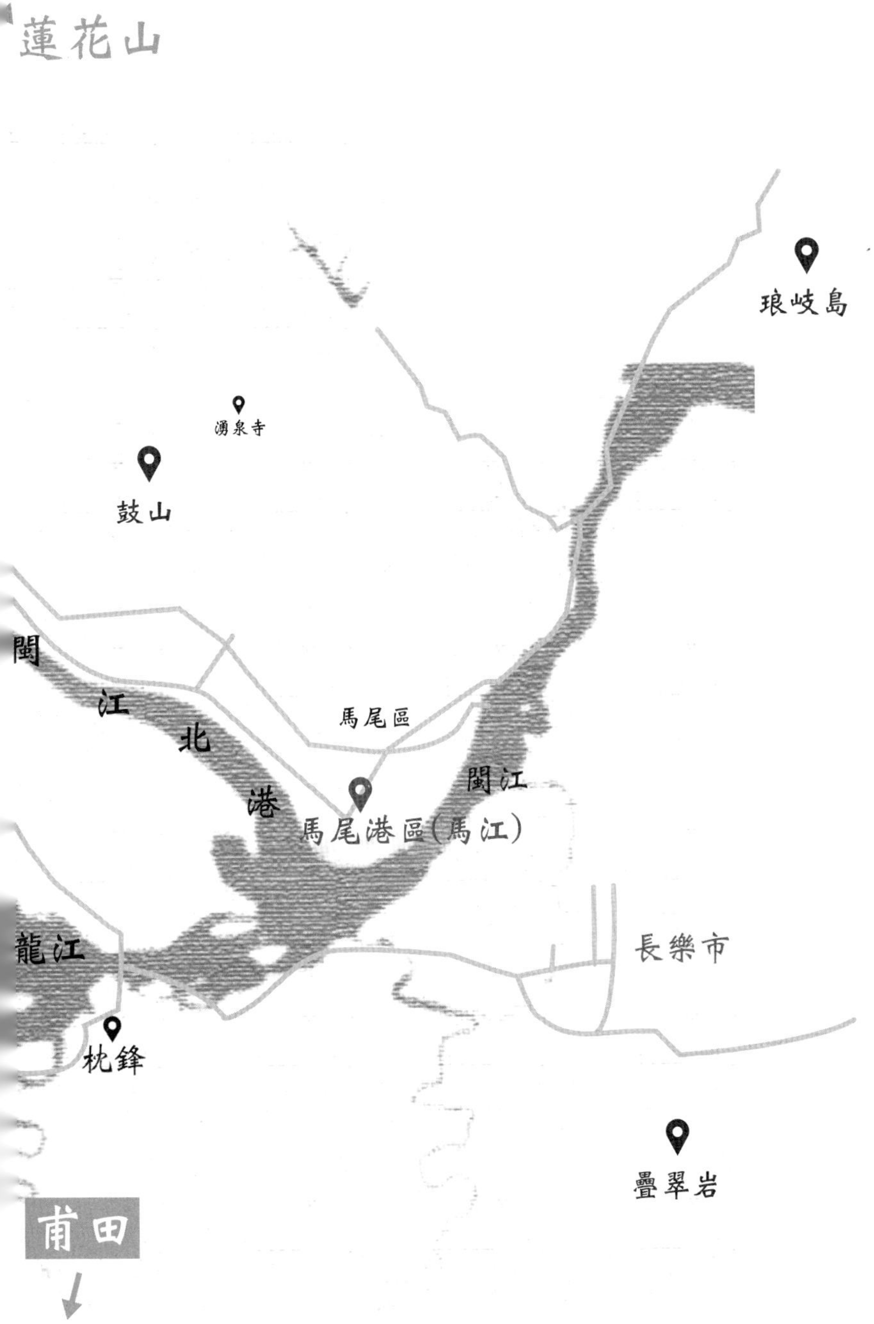

蓮花山
琅岐島
湧泉寺
鼓山
閩
江
北
港
馬尾區
閩江
馬尾港區(馬江)
龍江
長樂市
枕鋒
疊翠岩
莆田

閩風雜記序

閩州古稱多形勝，皷岳[1]聳于東，旗峰[2]峙[3]于西，閩江一水中流。崢嶸之氣，滉樣之色，相對成趣。省治[4]踞其中，氣象萬千，煙户櫛比，舟檝雲屯，洵南邦之重鎮，海國之名區也。歌咏之士，游覽至此，可無記載以興寄所托乎。吾友達山佐倉君，昨秋來應武備學堂[5]聘，任教習事。公餘之暇，觸目詠懷，裒然成帙[6]，名曰閩風雜記。舉凡山川之奇狀，閭巷之俚談，靡不刻意描摹，悉心鏤繪，務使讀者心曠神怡而後已。夫欲卜一國之盛衰文野者，不先觀其山川之險易，與夫風俗之澆淳[7]，烏知其民人意思情態之所著，邦土厚薄豐歉之所判哉。是篇雖紀遊觀，實可以探治化之源。君之用心，亦良切矣，抑

1 皷岳：指鼓山。位於福州市東郊、閩江北岸，內有古剎湧泉寺和歷代摩崖石刻多處。

2 旗峰：指旗山雙峰。旗山位於閩江南岸的福建省福州市閩侯縣，山勢似翠旗招展，故又名翠旗山。與福州鼓山東西對峙，有左旗右鼓，全閩二絕的佳譽。

3 峙：音至，指聳立、對立。

4 省治：福建省會福州。

5 武備學堂：清光緒十一年（1885）李鴻章首在天津創設武備學堂，招收習武學員，教以演試槍礮及建築臺壘的方法，光緒三十年（1904）改為陸軍學堂。另有福建船政學堂，同治五年（1866）在福州創建，也有說是福建武備學堂的前身。

6 裒：音póu，聚集意；帙：音至，可指書籍。故裒然成帙意指（感觸）聚集成書。

7 澆淳：純樸之風。

余重有感焉。我邦[8]與支那[9]，自古稱為與國[10]，不但同文同種而已，其制度文物，亦往往相似。是宜如何講信脩睦，守望相助，休戚相關，以固其根蒂哉。於時而有此間中瑣記，其有裨於後來者匪淺，豈可無一辭以為之券[11]乎。是為序。

甲辰[12]初夏

爵南生[13]

8 古時諸侯的封土，大的稱為邦，小的稱為國，後來邦即泛稱國家。但此處是日文，為當時日本國人自稱自己的國家。以下所有內文皆同。

9 支那（China）：外國人對中國的稱呼，自秦轉音而來。日本自江户時代中期以後到第二次大戰結束前，均稱中國為支那。

10 與國：休戚與共之國。

11 券：分明；為之券，即為之説分明。

12 甲辰：指西元1904年。

13 爵南生：1909年6月中下旬曾在福州撰稿〈征臺從軍日記〉，以及在臺期間撰稿〈領臺從軍日記〉數篇，刊登於《臺灣日日新報》。但尚無法確認爵南生與佐倉孫三之間的關係。

作者自序

余曾宦[14]臺灣，公餘摘記其風土習俗之相異者百餘，名曰臺風雜記，以附剞劂[15]。昨夏游閩，以前所觀，比今所見，則概相同。唯彼地近時人文稍開，此土則仍漢唐相沿之舊，風尚稍異，乃記以續之。雖不無蛇足之訕[16]，然微意所存，苟有補於同文勸勉之一端，則何幸如之。

達山[17]識

[14] 宦：有學習官吏的事務以及做官兩種意思。佐倉孫三在明治28年（1895）曾隨樺山總督和水野民政長官來臺，歷任學務部員、警保課高等警務掛長、鳳山縣打狗警視、臺南辨務署長等職，三年後離臺，後來轉任福建。因此，此處所言的曾宦臺灣，是指他1895-1898年在臺灣擔任殖民官之事。不過，佐倉孫三在福建居住八年之後，曾再度到臺灣任職。其〈七十自壽序〉有言：「淹留八載，再遊臺島，從征番軍，或度嶙峋，或侵瘴烟，編一部理番史，留亦三歲」。可知他在閩省七八年之後曾再來到臺灣從事理番工作，時間也是三年，而此次旅臺的記錄載於其《達山文稿》中。

[15] 剞劂：音几決，原意為雕刻用的曲刀，後泛指書籍雕版。

[16] 蛇足：如畫蛇添足，是多此一舉、過多之意；訕則有誹毀、訕笑、諷刺、羞慚等意思。故蛇足之訕，有多出來的羞慚評論之意。

[17] 達山：佐倉孫三的號。

1. 街上無車

榕城[18]內外，民戶六七萬。自北延南，蜿蜒如龍蟠，街衢縱橫，往來如織。肩輿旁午[19]于其間，前叱後咤，左突右衝，喧然如爭鬪而至。車輪則闃[20]乎無片影，怪問之，曰街上砌石，橋樑穹窿[21]，雖有車輛不能通，是以往來專用肩輿耳。夫運輸物，莫捷於車輛。而閩人惟恃人肩而不顧之，是不僅可以一奇視之，亦大惜其不利也。

2. 途上多僧

此地自古佛教隆盛，寺觀林立，不勝屈指。而僧皆白衣黑帽，蕭然[22]如喪家狗。市中繁華之區，則不多見，郊外途上，十中二三皆僧也。聞此種僧侶，多貧家子弟，無恆產亦無恆心，往往入寺爲避世，計唯其然，故無學無識，所謂胸中本來無一物者，比比皆然。宜土人呼之曰野僧，不加敬禮，其狀全與我邦相反。宋謝泌[23]有句，湖田播種重收穀，道路逢人半是僧。重收穀則邦家之慶事，半是僧則耗國財甚矣。

---

[18] 榕城：福建省福州市的別稱。城當閩江下游北岸，負山面水，形勢雄秀。又稱榕海，因北宋福州太守張伯玉在城中遍植榕樹而得名。

[19] 肩輿：以兩支長竿，中間擺椅子組成的轎子；旁午，指交錯、紛雜。

[20] 闃：音去，寂靜無聲之意。

[21] 穹窿：音窮龍，又稱穹頂、拱頂、圓頂，常指寬大的建物（上方）修築成中空且呈半圓的曲面狀。

[22] 蕭然：蕭條、空寂、冷落、悽涼、空虛貌。

[23] 謝泌：字宗源，歙州歙人，宋太平興國五年進士，是北宋太宗、真宗兩朝名臣，針對時弊提出很多建議，尤其人才、理民及軍事外交思想對北宋影響重大。其於景德初年知福州，修澳橋、易木以石。該橋於元朝改名為「去思」橋。

3. 婦人勞力

世人動輒曰，清國婦女纏足，勞力者皆男子之事耳。安知此州婦女，除富室閨閣、賣笑歌妓等外，大抵不纏足。短褐裸跣[24]，或擔薪水，或運糞壤，習成性開豁，類陵髯[25]丈夫，可謂奇矣。

4. 頭上帶劍

清國婦女之頭飾，大抵有一定之樣式。獨此地之婦女，插銀製之笄。笄長尺許，稜稜[26]如劍戟。交叉飾之，宛然如鍾將軍[27]像。奇亦甚矣。

5. 耳環如輪

婦女施耳環，闔[28]鄉皆然。而閩婦所著耳環，最偉大可驚。環以銀製之，形如桶輪。頭上帶劍，耳朵亦施此物。其任重矣。

6. 牽牛賣乳

土人畜牛者，一用耕作，一賣其乳。賣乳者牽母子二牛，周行街上，有需者，則繫牛門牆，搾而沽之，買者喜其新鮮而無詐。我邦養牛者，有一定廄舍，味爽搾以盛於器，配送於需用者，稱曰配達[29]。

24 跣：音險，赤足。

25 髯：長在臉頰上的長鬚。陵髯，形容不修邊幅貌。

26 稜稜：指寒冷、高聳突起、威嚴方正貌。

27 鍾將軍：即鍾馗。

28 闔：音合，指全部。

29 配達：日語，指定郵遞物和商品等等傳送到達之意。

其資薄，心不正者，往往混入他物而詐之，是以官設章程[30]戒飭之。閩人之配達法，可謂簡矣。

7. 封榕如神

曾讀曾南豐[31]道山亭記，曰城中多傑木，未知其何狀。今游茲土，有大樹幹根蟠屈，枝葉扶蘇[32]。遠望之，如黑雲，如鵬翼[33]，可以避炎熱，可以凌[34]雨露。問之曰，榕樹也。土人往往築小祠於樹上，供香火以加敬意。此樹南方皆有焉，而如閩人愛封者，未多覩之。榕城之稱，蓋亦不偶然也。

8. 荔枝成林

坡仙[35]有句，日餤荔支三百顆。林迥[36]又有句，荔支影裏安吟榻。余讀之未知其趣味，今一游悉其狀。荔枝似我邦柏，而葉如桂，

30 章程：指明治三十三年（1900）4月，日本內務省公告的「牛乳營業取締規則」。

31 曾南豐：即曾鞏（1019-1079），字子固，建昌（今江西）南豐人，世稱南豐先生，為北宋文學家、嘉祐進士。歷任越州、齊州、福州等地方官，頗有政績。善散文，為唐宋八大家之一。著有《元豐類稿》。

32 扶蘇：形容樹木枝葉茂盛。

33 鵬翼：莊子〈逍遙遊〉篇：「鵬之背，不知其幾千里也。怒而飛，其翼若垂天之雲」。故鵬翼形容廣大貌。

34 凌：音鈴，本意冰，亦有度過等意。

35 坡仙：即蘇東坡，本名蘇軾，宋朝人，為唐宋八大家之一。工詩擅詞，奔放自然，是為詩仙，故稱坡仙。本書他處，亦稱蘇東坡為坡公。

36 林迥：北宋詩人、神宗時科進士，字子山，羅源（今屬福建省福州市轄）人，歷任金華丞。該詩全文為「荔支影里安吟榻，紅藕香中系釣舟。金印解還天子後，詔書重起不回頭」。

其花白，其實甘。城之內外，鬱然成林。一歲之利，不下數萬金。此樹諸州皆有，而以本省爲第一。昔者楊妃[37]嗜之，貢使馳驛於道。惟坡仙之句，就四川所產而言之。聞川產不及此地產，遠甚。若使坡仙餤閩產，則或至四五百顆，亦未可知也。

9.烏有白翎

烏之爲黑鳥，人皆知之。而此地所產者，玄[38]身白翎[39]，其聲桀桀[40]然。語曰，誰知烏之雌雄，其以純黑而難辨識爲雌爲雄也。今鴉有白翎，豈不亦奇乎。或曰，是鵲之一種，非鴉也。乃記以質世之博識者。

10.鼈不可食

閩人不食鼈，非不食也，是有說焉。曰鼈者龜蛇相交而生，亂倫最甚，不可食，唯怪市上販鼈者不甚少。然則其不食者，一分拘忌者之事，非通論也。孟叟[41]曰，數罟不入洿池，魚鼈不可勝食。鼈之可食，自古既然，豈其足忌乎。

37　楊妃：即唐太宗寵妾楊貴妃。

38　玄：黑色。

39　翎：音拎，羽毛，或細指鳥翅和尾上的長羽毛。

40　桀：音傑，桀桀然是擬聲詞。桀桀也帶有詭異或難聽笑聲的感覺。

41　孟叟：即孟子，名軻，春秋時代人。

11. 犬貓不爭

犬獸嫉貓如仇敵，逢則必逐之，其故何也。夫人之愛貓，以其能捉鼠也。而犬亦善戒盜，其忠於主人一也。而貓之於主人，不離其左右，出入閨闥[42]，食有魚，寢有蓐。而狗則寢於土，而食於餕[43]。是以狗常惡貓之所爲，往往囓而致死，是其待遇之道不相同也。而此地犬貓相馴相親，殆如同胞。余每怪之，既而悟焉。此地家室之制，與我邦相異。犬貓同處，寢不異其所，食不別其器，是以犬之視貓，不啻[44]不羨之，視以爲平等，豈亦鬪爭乎。狗譬猶武弁[45]也，貓譬猶文士也，其所以盡力於邦家同耳，而待之不相均，則其爭也必起矣。

12. 同病相黨

閩地炎熱，癩疾[46]亦隨多。官待癩民有制裁，劃城外一巷區居此，不許雜居，又禁混婚。雖婚約既成，至後發癩疾，則得拒絕之。城西門外，有癩民屯居處，官給醫藥濟之。其最奇者，人若罹癩疾，則癩民探知之，成群迫其家，牽引而還其窟，雖欲拒不應。是以富家有癩患，厚賂癩民以米錢。古曰同病相憐，是即非同病相憐，而同病相黨引者也。唯其不許雜居混婚者，似酷而其意出於仁，可適以防傳播之害，亦衛生之一權法歟[47]。

42 閨：指內室。闥，音踏，指小門或小屋。

43 餕：音俊，可為名詞，指剩餘的食物，亦可為動詞，指吃剩下的食物。

44 啻：音赤。不啻指不僅、不只。

45 武弁：古代武官所戴的冠。又稱武弁大冠、繁冠。

46 癩疾：即癩病Leprosy，又稱麻瘋、答疙病、漢生病，是一種由痲瘋桿菌侵犯皮膚及週邊神經所引起的慢性傳染病。當時在福州東門外有麻瘋村。

47 歟：音于，疑問、反詰之意。

13. 水陸不婚

閩江流域數百里，舟閥亦隨多。舟大者載千斛[48]，凌海濤；小者上下於江中，以運濟[49]爲業。萬壽橋[50]畔，桅檣林立者，其大船也；其傍雲集蟻屯者，小舟也。舟人生長於舟，而老死於舟，吉凶禍福皆任於波上。其風俗習慣生理之趣，與陸人敻然[51]相別。陸人曰，彼波上之客，無恆產又無恆心，不足相交。舟人曰，波上生活不似陸人之齷齪鄙吝。是以舟人娶妻必娶舟人之女，與陸人不結婚緣云。

14. 桎梏[52]示人

街上通行最繁處，以鉄鎖縛刑人[53]，嵌頭以板，使行人縱覽，爲懲戒一法。刑人蓬頭襤褸，塵垢充膚，如藍面厄鬼，一見悚然。而毫無痛苦毀恨之態，往往向行人乞錢，是亦一奇也。因憶我邦昔時亦以嚴刑酷罰臨[54]民，曰笞[55]，曰流[56]，曰斬，曰梟[57]，曰磔[58]，今也不存其一。唯其量最重者爲絞首，其他在獄勞役，或送僻地役之，餘則罰金

---

48 斛：音湖，量詞。一斛=一石=十斗=一百二十斤。後改五斗為一斛。

49 運濟：渡水運輸。

50 萬壽橋：福州市內一座位於閩江口的橋樑，連接閩江兩岸的台江與倉山。今名解放大橋。

51 敻：音xiong，表示差別程度大。

52 桎梏：音同至固，腳鐐手銬，為古代刑具，在足曰桎，在手曰梏，主要用來拘繫犯人。

53 刑人：受刑之人。

54 臨：治理。

55 笞：音吃，用竹片荊條等物責打。

56 流：把刑人押送到邊遠地方服勞役。

57 梟：斬首後懸頭示眾。

58 磔：音哲，分裂肢體。

科料耳。如桎梏示人者，殆不可夢想矣。

15.肩輿色別

街路不通車輛，是以官人縉士皆乘肩輿，輿三尺許，形似我邦神輿，二人或三四人抬之。桿俸柔軟，步步抑揚，頗快適[59]。而官人之輿制有等差，自一品至四品，以綠絨飾輿。自五品至七品爲青色。是以綠輿通過，則庶民皆避讓云。

16.冠玉有差

官縉戴冠以寶石飾之，自正一品至從二品，戴紅寶玉石頂，即將軍、都統、總督、布政司等是也。自正三品至從五位，戴藍寶石頂，即按察司、糧道、鹽道、知府等是也。自正五品戴水晶頂，即同知[60]是也。正六品戴白色頂，通判[61]是也。其他如正七品知縣[62]等，皆戴素金頂。

17.騶從[63]如雲

官人往來必乘肩輿，隨騶騎多數十百人，少亦十餘人。或持傘，或鳴鑼，或持龍刀蛇矛[64]，衣帽奇異，一見可驚。猶我邦封建時代諸侯通行狀，可爲尊重之風矣。

59 快適：舒適。

60 同知：亦稱司馬、分府，其職能通常為佐理知府如緝捕盜匪、海防等行政事宜。

61 通判：亦稱分府，管轄地為廳，多半設立在邊陲地帶，輔助地方知府的政務。

62 知縣：秦漢以來一縣的主官，為知縣事的簡稱，元朝稱縣尹。

63 騶從：音鄒縱，指高官顯貴出行時，前導和後隨的侍從。

64 蛇矛：亦稱虵矛，中國長柄武器的一種，刀形如蠕動的蛇。

18.衙門畫繪

衙門之大者，曰將軍衙門，曰總督衙門，曰布政司衙門，其餘按察諸道衙門，皆在城中。門屏巍然如城郭，扉畫武神像，長髯橫槊[65]，頗爲嚴森。又其牆壁畫老龍麒麟，蓋往古昭平時之遺風歟。

19.學位標榜

有學位者，揭扁額於門楹，以金書之，曰翰林，曰進士，曰文魁，曰會魁，曰武魁。問之曰，武魁者稱武舉人，文魁者稱文舉人，會魁者文舉人之優勝者，進士翰林者亦其上班，試業於京都。古人有句，久旱逢甘雨，他鄉遇故知，洞房華燭夜，金榜掛名時[66]。夫學位者天爵[67]之事，標榜之似虛飾然，亦可以見朝廷勸學之隆矣。

20.敬惜字紙

街上設爐，收拾字紙，投以火之，稱曰惜字爐，可謂篤學之風矣。夫文字者，上自一國政令，下至民間要事，莫不皆載。而或爲風所飄，或爲人所踐[68]，甚則與不潔相混，是豈厚禮重道之謂乎。清人

65 槊：長矛。橫槊，即橫執長茅。

66 本四句語出宋代詩人汪洙《神童詩四喜》。

67 天爵：《孟子・告子上》說「仁義忠信，樂善不倦，此天爵也；公卿大夫，此人爵也」。因此，天爵指高尚的道德修養，比起人的賦予爵位更高等。

68 踐：踩踏、足下。

第一長技爲寫字，自市廛[69]招牌，至日用書牘[70]，字畫井井[71]，意用謹嚴，他邦人不遠及。勸奬有方，風尚有素，豈一朝一夕之故乎哉。

21.華表林立

清朝乘古聖賢之遺緒，孝悌節義之事，莫不加勸奬。其最可觀者，爲石門旌表[72]。石門高二十尺，以花崗石作之，正面題聖旨二字，兩楹[73]刻褒賞句，建街上或郊外，以旌表孝子節婦，使閭里矜式[74]之。可謂美風矣。

22.斫石如木

此地多石材，凡自道路橋梁，至門楹机桌類，皆以石作之。是以石匠斫[75]石如木，巧妙可驚。我邦築屋大抵用木材，如石則不過爲礎砌[76]。近來擬泰西[77]制，築石室，雖減祝融之害，而亦往往罹震害。一利一害，數之所不免也。

---

69 廛：音纏，指城市中的市民住宅或店鋪。市廛則指市中的商店，或商店雲集之處。

70 牘：音獨，本義為寫字用的木片，後引伸為書寫材料、書版。若是書牘，指信件。本處應是各用兩字之詞意，非成一詞彙。

71 井井：形容有條理、有秩序貌。

72 旌表：由官府立牌坊或匾額，表揚忠孝節義之人。

73 楹：堂屋前部的柱子。

74 矜：音今，指尊敬效法。

75 斫：音酌，以刀斧砍削。

76 礎砌：礎為墊在柱下的石頭；砌音器，指堆疊。故礎砌為堆疊石頭。

77 泰西：舊時對西方國家的稱呼，意同西洋。

23. 炬火取明

土人夜行不用燈，舉炬火[78]而行。炬撚枯竹作之，形如笞。一度點火，不容易消滅。輿夫馬丁多用之，以取明。唯茲土家屋，石壁土牆，雖用炬少災害，然街上舉炬者，野蠻遺物，豈文明之風乎哉。我邦街路章程，嚴戒炬火，夜行者皆取紙燭[79]、硝燈[80]。近時電燈漸成，街上如不夜城，燭亦屬不用。

24. 壽板商行

清人重喪禮，棺椁[81]之制，自有一定式，材似我邦杉檜，而木理緻密，有香氣，棺形似刳木舟[82]，價亦貴。門楣題字曰壽板行者，即我邦所謂臭屋[83]者也。清人巧辭令，如死字不出吻頭，稱棺椁曰壽板，其他可以徵也。我邦人則反是，賣葬具者，店上揭招牌，大書葬臭云云，而人不忌之，習俗然也。世上目不脩飾言詞者爲露骨，使清人言，其必以露骨二字笑之。

25. 石馬在墓

余一日遊洪山橋，田間有石佛，其側石馬相對峙。馬大似眞馬，以花崗石作之，刻法奇異。問土人，曰顯官死則建之，未知何理。或曰

78 炬火：炬是火把，炬火指點燃的火把。
79 紙燭：或寫為脂燭，為日文，室內用的一種照明具。係以松木削成直徑約一公分的棒狀，把前端燒焦塗油，就可點火燃燒。
80 硝燈：日文，指氪氣燈、玻璃燈泡。
81 棺椁：棺音關，是裝斂屍體的器具；椁音果，指外棺。棺椁泛指棺材。
82 刳木舟：刳音窟，指頗開、挖空。刳木舟即是把木頭中間挖空一部份後所造的船。
83 臭屋：疑為日本舊時對棺材店的稱呼。其今稱呼棺材店為棺桶屋。

明朝之遺物。昔者諸葛亮，作木牛流馬以渡河，是其形似，而物不同，可謂奇矣。

26. 義塚纍纍

城西門外墳墓甚多，其最奇者以白堊[84]塗之，形如波浪，不知其幾百。問之曰，是義塚者也。富豪之慈人心深者，爲家貧不能購墓地者給與之，使全其志。夫葬喪者，人間之大事，而貧者不能盡其心，可憫耳。裕財之人，捐私資以成其志，可爲古風矣。

27. 僧眼無字

余曾游西郊某寺，楣間揭一洋畫，諦視[85]則耶穌基督生誕圖也。怪問之，僧曰，坊間有此圖，甚鮮美，故購來耳。余曰，是爲洋教始祖之像，汝釋迦牟尼之徒弟，而揭此像，此不自相矛盾乎，抑又欲取法於敵而置之乎，敢問其理。僧默然無語。余聞此地僧侶，大抵不學無識，爲貪米錢而消盡一生耳。宜矣洋教浸漸，勢不可禦。因憶本省自古佛教弘布，名僧輩出。唐時我僧空海[86]者游此地，修佛典神光

84 白堊，英名Chalk，是非晶質的石灰岩，亦是製造石灰及瓷器的原料。或稱為「白土粉」、「白土子」、「白善」、「白墡」、「白墠」。

85 諦視：仔細的看。

86 空海（774-835）：俗名為佐伯眞魚，讚岐（今香川縣）人，日本平安初期的高僧，又號遍照金剛、弘法大師。幼習儒學，後受戒為僧。西元804年與日後成為日本天臺宗的開祖最澄等人留學中國（唐德宗時），在長安從慧果阿闍梨傳授密法，返國後建金剛峯寺於高野山，創立真言宗。其兼善散文、駢文、書法，並在日本佛教從奈良佛教轉變成平安佛教的過程中占起頭角色。著述皆用漢文，有《性靈集》、《文筆眼心抄》等。

寺[87]，學成而歸，巡游海內，說法建寺，竺教[88]大興。空海有智慧，創造我國字四十八[89]，裨益文教，死後諡弘法大師。其後至明末造，本州黃檗山[90]隱元和尚[91]遊我邦，爲某諸侯所重，建寺宇治，今尙傳其衣鉢。當時從遊弟子木庵[92]、即非[93]、心越[94]獨立者，皆有學德，至

87 神光寺：位於廣東省興寧市，舊名南山壽慶寺。建於北宋嘉祐三年（1058），明成化十五年（1479）括建重修，改南山為神光山，改壽慶寺為神光寺。

88 竺教：印度古稱天竺國，佛教創始於印度，故稱竺教。

89 四十八：指日本四國地方的八十八個靈場（寺院）。這八十八處是與弘法大師（空海）有淵源的靈場。約平安時代開始，修行僧們會巡拜上述八十八處靈場，被稱為四國遍路、四國巡禮。

90 黃檗山：位於福建省。其植生很多名為黃蘗的樹木，樹皮可藥用、為染料，因此得名。唐貞元五年（789），正幹禪師傳六祖弘忍之法，於此開山建寺般若堂。其後有希運禪師在此大振宗法，在宋代以臨濟宗的大道場而聞名。但黃檗道場廢於元，至明代復興。明萬曆時，隱元來住此山，黃檗中興。崇禎十年（1637），隱元禪師任此寺住持，重新修寺成為宏大規模。隱元並受日本長崎興福禪寺住持邀請，東渡傳法，1654年抵長崎。1661年，他在京都南郊的宇治興建日本黃檗山萬福寺，開創日本禪宗三大派之一的黃檗宗。他與木庵、即非，被稱為「黃檗三筆」。

91 隱元和尚：隱元隆琦（1592-1673）。隱元是號，名隆琦，明萬曆二十年（1592）生於福州，後入日本籍。俗姓林，名曾昺。他在觀察星月流轉等自然現象之際，常思考天地萬象誰系誰主等玄奧問題，而後漸萌發慕佛出家的念頭。28歲時，其母去世，請當地黃檗山寺法師為母舉行禮懺超度法會，認識寺中興壽鑒源法師，翌年乃在黃檗寺禮興壽為師，正式出家為僧。

92 木庵：木庵性瑫（1611-1684），俗姓吳，明朝福建省泉州府晉江縣人。師事隱元和尚，1655年隨師赴日，在宇治的黃檗山萬福寺擔任第二任住持。他延續、推展黃檗宗，並創建許多寺廟。勅號慧明國師。

93 即非：即非如一（1616-1671），明朝福建省福清縣人。俗名林如一，字即非。師事隱元和尚，1657年赴日，住在長崎崇福寺、宇治黃檗山等地，並在京都市小倉創建福聚寺。

94 心越：心越興儔（1639-1695），明朝浙江省杭州金華府人。俗名蔣興儔，8歲時投入佛門；是禪僧，也是琴藝家。1677年被澄一道亮聘到日本長崎，落腳興福寺。此

今寶藏其筆蹟者甚多。今距其時不甚久，何其變遷之速也。

28. 賽新春聯

赤紙題聯句，貼諸門楹者，闔鄉皆然。視其字，或書經史之語，或記古人之句，莫不皆吉祥慶瑞之辭，至歲暮而改之。有一人置桌於街上，揭招牌曰，賽新春聯，應需而揮毫。隨來隨書，運筆輕妙，如掃落葉。而其潤筆[95]，僅二三錢，可謂廉矣。我邦商家，所揭招牌，俗曰看板[96]。有一種筆法，輕妙可驚。而此人生來不讀書，漫皷[97]筆墨。而能如此者，練磨之力也。是亦與賽聯先生好對聯之人歟。

29. 神荼鬱壘

大書神荼鬱壘[98]四字，貼門扉者往往有焉。余始不能解其意義。怪問之，曰昔者有稱神荼鬱壘昆弟[99]二人，能執鬼，故題其名，以防妖凶來襲也。我邦俗亦有類焉者，當痘疫流行時，書源爲朝[100]三字貼

後號東臬，屬曹洞宗。

95 潤筆：請他人寫文章、作畫、寫字的酬勞。亦作潤資。

96 看板：日文，是書寫屋號、販賣商品、營業項目等等的店頭標識。

97 皷：意同鼓。此處是形容節奏。

98 神荼鬱壘：音神書玉綠，是傳說中的二位守門的神明。相傳黃帝時以神荼、鬱壘二人，畫於門户，為古代的門神。唐太宗時，再命畫工畫秦叔寶、尉遲恭二人形象於宮掖左右，永為門神，而民間取為鎮邪之用。

99 昆弟：兄弟，或比喻關係親密如兄弟般友好。

100 源為朝（1139-1170或1177）：日本平安時代後期的武將，源為義的第八子。他身材魁梧，傳說身高7尺（210公分），左手比右手還要長4寸，因此適合彎弓射箭，是著名的弓箭高手。他主要在九州一帶活動、騷擾地方。保元之亂（1156）後，白河法皇欣賞源為朝的剛勇與弓術，賜他免死，改挑斷臂筋流放伊豆大島。但他再次號召

門扉，以驅疫癘。凡此類之事東西相同，可謂奇矣。源爲朝者武將之魁，嘗在海島驅逐疫鬼者也。

30.加冠晉祿

門扉題字中，最所多覩者，加冠晉祿之四字也。清人之熱中於仕途，可推知矣。而其能一躍登龍門，以實此句者，千百人中僅二三耳。曾聞清人一世能致巨萬之富者不一，且登顯位則不能。蓋權之所歸，富亦從焉者歟。我邦則反是，官人大抵清貧，文士最甚。古人曰，文臣不愛錢，武夫不恐死，天下泰平[101]。是亦可思矣。

31.城門閉矣

榕城周迴二里餘，石壁高聳如天塹[102]。百步一樓，每樓置礮[103]二門，壁上穿銃眼，以備嬰守[104]。有五關，曰東門，曰西門，曰南門，曰北門，曰水部門。石柱鉄扉，儼然不可侵。至黃昏閉鎖之，以戒非違[105]。雖有雞鳴狗盜[106]之術，不許開之。詎料[107]門側有一口，

伊豆諸島抗國，乃再被朝廷進剿，最後在八丈島自殺，時年33。有傳說他曾遠渡琉球，後成為琉球王朝的先祖。

101 語出岳飛。

102 塹：音欠，防禦用的壕溝。

103 礮：音義同炮。

104 嬰守：環城固守。

105 非違：日語，指違法之事。

106 雞鳴狗盜：典出《史記》〈孟嘗君傳〉。言戰國時秦昭王囚孟嘗君，打算加以殺害。孟嘗君的門客，一個裝狗入秦宮偷狐白裘，另一個學雞叫使函谷關關門早開，孟嘗君因此脱難。後以此比喻有某種卑下技能的人，或指卑微的技能。

107 詎料：那裡想到、意想不到。

以梯縋[108]通，人至深更尚不止，是亦奇矣。兵法曰正中寓奇，常中有權[109]，蓋此謂歟。

32.閒人免進

門扉貼赤紙，題閒人免進四字，以禁奸人闖入，猶與我邦人題「無用人不可入」之字者同理。唯我邦以免字，往往用准許之意，有免許免狀[110]等語，以此意解釋此字則生大誤謬。夫免之為字，黜[111]也，脫也，事不相及也，兔脫其足也。然則禁止之意，用免字最相適矣。聞清人游我邦公園者，看樹枝不可折取之禁榜，怪曰，纖纖此枝，折取甚易，何故題不可。是亦同一之談耳。

33.屋有三進

富人築屋，必設三門，不踰越之則不能入堂，稱曰三進禮。雖似虛飾，亦可以觀風尚之異矣。我邦設門必一，踰門有階叚[112]，俗曰玄關[113]。踰之有等候室，不過之則不能入居室。由是觀之，三進之禮自存焉，何獨怪三門乎。

---

[108] 縋：音墜，以繩索懸綁物體往下墜送。

[109] 權：用兵的謀略。

[110] 免許：日語，指某特定之事的行使權得到官公廳的許可、認可。免狀：日語，指作為免許證明的證明書。

[111] 黜：音處，指擯除、排斥。

[112] 叚：音義同假。

[113] 玄關：日語，是建物的主要出入口，或是設在出入口部分的特定空間。

34.冷水冷飯

清人食後必洗面，洗面不以冷水，必用湯水[114]，稱曰開水。又不食冷飯，必煑而食之，雖下貧亦然。怪問之，曰冷水多惡蟲，入口害腸胃，冷飯則乞丐者所食，有住居者不可食也。我邦則反是，大抵以冷水洗面，又嚥下冷水而不顧。如飯則早朝炊之，午牌[115]與晚食則食冷飯。是有一說，武夫臨戰場，常携行糧，行糧不能期暖飯，故平時習之。又以冷水洗面者，亦有深意。丈夫處世不可無勇，士不忘喪元之節[116]，而平生以湯水洗顏面，死後面色如土，以冷水則雖死猶生故然。是雖似戰國之餘習，然其用意可以之也。且夫清國水土，惡疫癘時發，故注意於衛生。我邦則不然，是亦其一因歟。

35.無一浴堂

我邦人好澡浴，富者自設浴室，每日或隔日取浴。下貧則往混堂[117]而浴澡，故有戶百餘，必有混浴場。今遊此地，市中未見一浴堂。怪問之，曰人皆以湯水洗拭肢體，雖設浴堂，無往浴者。且暴露肢體，是野蠻之風，故不設耳。此說有一理。唯數日不取浴，肌膚染塵煤，帶異臭者，是亦非文明之事也。余嘗游臺灣，市中有盆池[118]者，土人往而澡浴。今此地民戶六、七萬，而無一浴堂，可謂奇矣。

---

114 湯：日語，指熱水。

115 午牌：揭報正午的時牌，借指正午。

116 喪元：掉頭顱，泛指獻出生命。

117 混堂：日語，指浴場、浴室。

118 盆池：中文指埋盆於地，引水灌注而成的小池。或為日語，指在庭院等地製作的小池。

36. 石灰如雪

此地不論室屋牆壁，皆以石灰塗之，堅固如石，閱歲月而不壞，其所費不可測。一日散策[119]城外，到水邊，有一屋，燒牡蠣殼製灰，隨造隨輸，白粉飛散。屋瓦樹梢，白皚皚，望之如雪。清人殖利[120]之術，莫不講究，是亦其一歟。

37. 香煙如縷

閩地產線香，其名聞于遠近，價亦甚廉。一日詣[121]某廟，有物懸於天，形如笠，火其一端，諦視則線香也。蜿蜒螺旋，至三四晝夜而不滅，可以測時辰云。

38. 醬園豉莊

盛物於瓶，隆然如山，其色紅白，人往而買之，問之，曰醬也。醬者，我邦俗所謂味噌者也。又有豉[122]莊者，即我邦所謂醬油者也。清人巧用字，化俗爲佳，是亦一奇。

39. 酒庫米行

我邦商賈，以屋[123]字爲商號。其稱酒屋者，即此地之酒庫也。稱米屋者，即此地之米行也。稱其酒庫者，多藏酒類。買者或提瓶而

119 散策：日語，指無目的的走、散步。

120 殖利：日語，指從事有利益和有利息之事。

121 詣：音易，指拜訪、到、前往。

122 豉：音是，指豆豉，是把黃豆或黑豆泡透蒸熟或煮熟，經發酵而成的食品。

123 屋：日語，指可提供居住的建物。因商人把店當作家，故以屋為商號。

行，或飲而歸，猶與我邦酒屋者無所異。米行者盛穀於大籠，揭札[124]書其價額，亦猶與我米屋者相似。宋鮑祗[125]有句，戶無酒禁人爭醉，地少霜威花並然。可謂善道破樂土之趣者矣。

40.成衣布襪

閩俗裁縫衣服，大抵係男子之手，置一大桌於店上，男子二三人，或執刀裁布，或做椅縫之，婦女則在側執他事。蓋清人所著衣裳，用毛皮，非男子則不得裁縫。唯兒女子所穿極簡易，多成於婦人手。我邦亦有成衣人，俗乎曰仕立屋[126]，應需作百種衣類，其餘則婦女自造之。今也女子裁縫學校盛興，內外之服悉成於閨門。清人稱足衣曰布襪，我邦所謂足袋[127]是也。店上招牌書布襪莊者，即我邦之足袋屋者也。洛神賦有「凌波微步，羅襪生塵」[128]之句，即是耳。

41.慶團綵結

題慶團綵結四大字，揭楣[129]門。屋內雜陳婚儀所用彩輿、赤

---

124 札：音閘，古時用以寫字的小木片。

125 鮑祗（祗音之）：歙人，北宋進士，曾先後在建州與福州任官。《萬姓統譜》形容他決事明敏，吏民畏服。亡後，民繪其像，建祠祀之。此詩全文為「兩信潮生海漲天，魚蝦入市不論錢。户無酒禁人爭醉，地少霜威花正然。」

126 仕立屋：日語中對專門的裁縫店或職業裁縫師的稱呼。

127 足袋：日語，是穿著和服時，腳上穿的袋狀履物。大拇趾和其餘四趾間有一凹槽。

128 曹植洛神賦：「體迅飛梟，飄忽若神。陵波微步，羅襪生塵。動無常則，若危若安。進止難期，若往若還。轉眄流精，光潤玉顏。含辭未吐，氣若幽蘭。華容婀娜，令我亡餐。」其中「陵波微步，羅襪生塵」即是形容洛神（女子）體態輕盈，浮動於水波之上緩緩行走的樣子。

129 楣：門框的上橫部分。

牌[130]、緋衣[131]、朱傘類，應需貸與，而取其利。蓋清人最重婚禮，自屋內綴飾，至新人乘輿，皆極華麗。新作之則其費不可計，故賃貸以減其費，可謂便法矣。我邦華燭洞房之器，皆新作之，唯至葬儀之具則如此地慶團貸與之。以証其幾分利，人皆喜其簡捷。

42.燒紙可惜

清人殖利之事，莫不講究。而有一欵陷，不知利用故紙之法是也。夫字紙之可敬惜，人皆知之，然燒棄之，所謂暴殄天物，者不若漂水[132]以化新紙之勝也。西人以襤褸製紙，我邦人變故紙爲新紙，呼曰漉紙[133]，以水漉之也。清人若傚陶侃，利用竹頭木屑之故事[134]，不燒棄字紙而創漉紙之法，則其利不可貲矣。

43.爆竹如雷

清人文雅溫靜，不好殺伐武烈之遊，獨異以硝藥作火烽，呼曰爆竹。凡有慶事必發之，其響輷然[135]，轟然白煙濛濛然，狀快不可言。

130 赤牌：牌上文字、圖樣皆以紅色為主的牌子。

131 緋：音飛，指深紅色。

132 漂水：流水。

133 漉紙：日語，指濾紙，濾除紙漿中的水分。

134 陶侃（259-334）：字士行，廬江潯陽（今湖北省黃梅縣北）人，東晉軍事將領，官拜征西大將軍。為人忠順勤勞，時人比之諸葛亮。他每日搬運磚塊以鍛鍊體力，所謂「陶侃運甓」。而文中所引陶侃利用竹頭木屑之故事，源自陶侃生活簡樸，善節約。在荊州時，軍隊造船，留下木屑、竹頭，他都命部下保存起來。遇到積雪融解地面潮濕時，就以木屑撒地；或利用竹頭作丁裝船，儲藏備用。

135 輷：音轟，為擬聲詞。

唯半夜人定之後，俄然[136]火之，往往破華胥[137]之夢，而清人毫不怪。我邦人亦好火烽，呼曰狼烟，形如長桶，籠罩百種之形體，火之以朝天。轟然電閃，或爲星斗燦爛，或爲春柳飛燕，或雙龍爭珠，或晚鴉歸棲，千態萬狀，不可方物。其所費不下數百千金，可謂奢風矣。爲我邦人之氣質，固如狼煙。清國人之性情，不似爆竹，而其好尚如斯，是亦奇矣。

44. 冬日可愛

閩地溫暖，竟歲不見雪。而土人畏寒，羊裘棉襖猶呼冷。余輩生於寒國，不畏冬而畏夏。三伏[138]之候，玉汗津津[139]，形癯[140]神衰，殆無生色。漸至晚秋，意氣頓復活。使閩人謂之，必曰日人勇於冬，而怯於夏。是亦不可免之理也。

45. 當字如山

屋之正面，大書當一字，屋內結柵，防奸人闖入者，爲當店。當店猶我邦之質店[141]也。自日用什器，至衣裳珍玩，抵當貸金，以取實價百分二之利，而其期限爲二年。期至而不償還者，物主失其權。我邦之質店，對實價二分或三分貸金，其利子爲百分之二，經過六月而

[136] 俄然：指突然。

[137] 華胥：古代神話中無為而治的理想國家，進而被比喻為夢境。

[138] 三伏：初伏、中伏、末伏的合稱。從夏至後第三個庚日起，每十日為一伏，分別為初伏、中伏、末伏，是一年中前三熱的時候。

[139] 津津：形容液體洋溢貌。

[140] 癯：音渠，指清瘦。

[141] 質店：日語，即質屋，拿物品去借取金錢的業者。中文亦謂當鋪。

不繳還者沒之，名曰流質。夫當者，金錢融通之津梁[142]，人世不可缺者。唯不以嚴法律之，則滋盜贓，不堪其弊竇，是亦宜思矣。

46.蟹甲上市

劉後村[143]有句，葉浮嫩綠酒初熟，橙切香黃蟹正肥。余讀之未解其趣味。游此土，市上賣蟹，大如盂[144]，以藁[145]縛之，止橫行。蟹甲噴沫鳴不平，其狀甚奇。余使僮購之，美味不可名狀，其入詩句宜矣。

47.魚市殷賑

南臺泗洲街[146]有魚市場，盛陳列百種水族，而乾魚鹽魚類來於南洋及我邦者亦多。街上魚油滑澤[147]，行者欲顛踣[148]。我邦有魚市場章程[149]，劃一定地，警官巡視，以護衛生與通行，整然不亂。閩地魚市場章程之設，其最急矣。

---

142 津梁：渡口上的橋梁，比喻接引或引導的事物。

143 劉後村（1187-1269）：善詩文，為晚宋大家。初名灼，字潛夫，後村為其號，世居莆田（閩），累官龍圖閣學士，諡文定。有《後村大全集》傳世。「葉浮嫩綠酒初熟」等句出自其七言律詩〈冬景〉：「晴窗早覺愛朝曦，竹外秋聲漸作威；命僕安排新暖閣，呼童熨貼舊寒衣。葉浮嫩綠酒初熟，橙切香黃蟹正肥；蓉菊滿園皆可羨，賞心從此莫相違。」雖題名為冬景，但內容在形容秋季之美景美食。

144 盂：盛食物或漿湯的容器。

145 藁：音義同稿。

146 泗洲街：今福建省福州市長樂市洋嶼鄉琴江村泗洲街。

147 滑澤：光滑潤澤。

148 顛踣：音顛博，指跌倒、仆倒。

149 魚市場章程：指日本在卸賣市場章程下，各地市場自訂的規則章程。

48. 橋上乞丐

石橋橫江，曰萬壽橋，長一百三十丈。蜿蜒如龍，其下舟楫[150]，雲連兩岸，歌樓管弦響波。若夫明月夜，金波瀲灩，船燈如星，有瀟湘[151]度月橋之趣。獨橋上多乞丐，或橫欄捫虱[152]，或臥地酣睡，醜穢不可正視。使此名橋，無吟月之客，可惜耳。

49. 筏上鸕鶿

閩江之水清且駛，不同楊黃之濁且緩，漁人聯巨竹成筏，呼曰竹船。載鸕鶿[153]二三，發縱以獲魚，上下急湍如衽席[154]，最爲奇觀。

50. 紹興陳酒

清人所飲酒，出浙江紹興府者，色如麥酒，而淡泊適腸。酒藏瓶以竹葉包之，以土團覆之，藏愈久而愈美，最陳者經二三十年。清人酒量甚大，會宴時，舉杯示衆，呼曰乾杯，以代獻酬禮。乾杯又乾杯，終則陶然就醉，而清人毫無酩酊[155]狀，不似我邦之酣醉淋漓之態，可謂酒有禮者矣。

[150] 舟楫：楫音即，舟楫指船和槳，泛指船隻。

[151] 瀟湘：湖南的代稱。

[152] 捫虱：捫音門，指撫、摸、持、執。捫虱是抓虱。

[153] 鸕鶿：音盧慈，鳥綱鵜形目。形似鴉而黑，喉白，嘴長，善潛水捕魚，喉下皮膚擴大成囊狀，捕得魚就置於囊內。亦稱為摸魚公、墨鴉、水老鴉、烏鬼、魚鷹。

[154] 衽席：音認席，本指床褥與莞簟，泛指臥席。

[155] 酩酊：大醉貌。

51. 彩燈紙面

新年之禮式，萬邦異趣。閩地迎歲之狀景，不見所異爲。所映於眼者，門楹新聯之外，有假面彩燈。假面以厚紙作之，奇壯異態，滑稽解頤，揭於竿上而賣之。又以赤紙作百種之彩燈，到夜點火，紅鱗巨眼。如金魚者，美姬坐蓮，如觀音像者，其他紅桃、黑馬、白羊、綠球等之形狀，各放異彩。我邦正月飾松竹於門前，望注連[156]於楣間，盂蘭盆節[157]則懸彩燈，以祭祖先之靈。邦異俗亦異，彼我參照，奇觀在於其間矣。

52. 右避左行

街衢雜遝，危險不可名狀，是以行人逢輿馬，右避而左行，錯雜中亦有一種之律。唯通路甚狹隘，往往欲右避而不能，欲左行而亦不能，老幼婦女最苦之。我邦近來設通行迴避之法，警吏銳意任之，亦可以知世態變遷之狀矣。

53. 糞桶縱橫

閩婦不啻擔重勞力，且當男子所厭污穢物運輸之任，可謂奇矣。盛糞溺於巨桶，擔而行，與我邦掃除廁圊[158]者，無所異。唯運輸之際，不施覆蓋。與賣蔬菜魚肉者，兩兩相伍，異臭迸散，使人發嘔吐，最爲他邦人之所厭忌。道路章程之急，於是乎起矣。

[156] 注連：指注連繩，為日本祈福用的稻草繩結。

[157] 盂蘭盆節：每年8月中旬舉行祭祖的節日。

[158] 圊：音青，指廁所。

54. 溺[159]水狼藉[160]

清人視污溺如水，不論街上牆下，不忌堂邊廟畔，氾濫狼籍，怪臭撲鼻，滑滻污履，而恬然不介意，是亦奇矣。西人之鄙清人，實在此理。上海城民之不能入租界者，亦在此點。而官之不決行矯正策者，果何意耶。聞近有設警務學堂之議，學堂而既成，是等之事，其宜第一致思者矣。

55. 吉屋招租

街上貼赤紙，記吉屋招租者，租貸空屋之告知書也。我邦欲貸屋於人者，書貸屋[161]二字於紙，貼屋壁。欲借屋者，就其屋主定契約，而移住之，無與閩人異。唯吉屋二字，可以玩味辭令之巧矣。

56. 書畫古器

城之內外，賣書畫古器者，不遑枚舉。而總督衙門之近傍，爲其淵叢，自珠玉珍翫[162]文房類，至金銀雕刻茗器屬，陳列如林，欲眩人目。賈人巧辯，使人不能空手而還，余輩素無眼識，而心好過於人，是以往往爲彼所致，噬臍[163]者數矣。

[159] 溺：音義同尿。

[160] 狼藉：比喻行為放縱、不守法紀。

[161] 貸屋：日語，指租賃房屋。

[162] 翫：音萬，指戲弄觀賞。

[163] 噬臍：用嘴咬自己的肚臍，是不可能做到的事，或比喻後悔已遲。或作「噬齊」。

57.各省會館

各省之在此地，官紳等相謀，設置一集會處，稱曰會館。係安徽省者，曰安徽會館。係廣東省，曰廣東會館。其他有八旗會館[164]等，相峙競壯麗。有觀戲場，有會讌[165]所，桌椅並列，乘輿輻輳，可謂盛矣。我邦亦有華族會館[166]者，爲貴族集會所。其他有稱某俱樂部者。爾某保天爾者，皆爲集合娛樂留宿等設之，亦脩交道之一津梁也哉。

58.娛樂猶少

清人公同之娛樂，不過演戲、賭博、講古等。其他至一私之娛樂，則自屬其人之嗜好，不可概言。而風流韻士之樂亦甚稀，既無觀花吟月之遊，又無登山澡浴之樂。比諸我邦人，則冗費甚少。我邦人所最嗜，自演劇、角觝[167]、講古、謠曲、踏舞[168]、點茶[169]、插花之

164 八旗會館：八旗是清太祖努爾哈赤起兵後，根據政治軍事形勢發展的需要，將滿族社會原有的牛錄組織（一種社會組織）加以改組擴大後所創的組織。初時分為正黃、正白、正紅、正藍四旗，後增設鑲黃、鑲白、鑲紅、鑲藍四旗，合共八旗，所有女真人皆分隸旗下，特色是兵民合一和族主（旗主）位尊。清太宗時，增設蒙古八旗和漢軍八旗，合共二十四旗。會館則是華人的一種地緣、血緣或職業性民間組織，以互相濟助身處異地的同鄉、同族或同業人為目的所建立，通常以廟宇建物的形式呈現（以神集聚該團體民心）。八旗會館即指提供八旗人士聚會或利用的組織和建物。

165 讌：音義同醼，指宴飲。

166 華族會館：華族是日本舊憲法下，擁有公、侯、伯、子、男等爵位身分的人。其在各地的集會所，就是華族會館。

167 角觝：觝音底，又作牴，又稱相撲、角力、摔跤。殷周時，角觝是武士徒手角力比賽，為軍事訓練的一種，戰國時漸成為一種表演性競賽。唐代皇宮中出現摔跤隊表演，民間也流行相撲。其形式上可分成兩大類，一類是正式爭勝負的比賽，一類則是在遊藝場所進行的表演性組織。服裝沿襲漢唐舊治，雙方上身赤裸，下身光腿赤足，僅邀胯束短袴，頭上梳髻不戴冠，有時足穿靴或鞋。

168 踏舞：日語，一種以打足拍子進行的舞蹈。又稱舞踏。

169 點茶：或稱分茶，自北宋書法家蔡襄在《茶錄》中紀錄而流行於世。點茶必須先將

屬，至花晨月夕、操舟潮浴之遊等，不可枚舉。冗費亦隨夥多，可謂侈風矣。唯清人娛樂中，在我邦嚴禁者有二，曰鴉烟，曰賭博是也。喫鴉者以重刑論之，賭金者以輕罪處之。

59. 租界清潔

萬壽橋之南岸，有外國人居留地，英米獨佛[170]之富商等，各設商館，石門鐵柱堊[171]壁硝[172]窓，鱗次櫛比，街路廣闊而清潔，不似城內外之污穢雜遝。還有教會堂，有語學校，有花卉園，有遊戲場，超然成別，乾坤其如斯。而後閩中之風光可以玩，可以詠。不知閩人觀以，為何如之感乎。

60. 諸領事館

各國領事館在丘壠之上，勢高而望闊。前臨閩江，舟楫往來，欸乃[173]之聲，晝夜不絕。後負五虎山[174]，嵐光可掬[175]。而我領事館在其

茶輾製成粉末後，製成蠟茶或末茶，將茶粉直接放入茶盞中以水注點後，用茶筅擊拂攪拌後飲用。此成為日本茶道原型。北宋時，點茶法在建州（今福建省建甌縣）發展的最完備，衍生出鬥茶的風俗，講究注水、擊拂及泡沫生成的力道與時機，以及因之產生改良後的茶杯建盞。

170 英米獨佛：日語，各指英國、美國、德國、法國。

171 堊：白土。

172 硝：音消，日語，指玻璃。

173 欸乃：音矮乃。一指開船搖櫓的聲音，二指划船時所唱的歌。

174 五虎山：位於閩侯縣尚幹鎮，距福州35公里，脈延永泰、福清、長樂三縣，橫隔祥謙、南通兩鄉，是過去閩縣和侯官縣的界線。其山有五個主峰巍然聳立，勢如五虎雄踞。

175 掬：情態顯露於外，似可用手抓取。

中央，石壁巍然，老樹鬱蒼，占形勝。庭中有嘉木異草，青苔如氈。可以涉，可以吟，眞是不負我領事館矣。

61. 五月無雨

閩地氣候異於他州，至冬不甚寒。自八、九月至一、二月間，降雨甚稀，適有焉，忽而歇，爽快不言言。獨怪久旱如此，而禾穀不枯，蔬菜不死，樹木鬱茂，池塘有水，是果何理。想此地土壤粘硬，不滲漏水氣，且夜間多霧露，草木噏[176]之以生。天之配合，可謂妙矣。

62. 二度收穀

閩中之氣候，相同於臺灣，一歲兩度收穀，可謂天賦之良土矣。農人皆畜牛，役之耕田。牛色赤而黧[177]，溫順馴人。放牧不加檢束，悠悠然遊行於野田之間，未嘗觸藩[178]。是以農人之勞，半於我邦，而收穫則倍之。且米粒之旨味[179]，毫不減於我邦之產。福州之名，蓋亦不空矣。

63. 未嘗見雪

閩地無雪。非無雪，雖有雪，風溫氣熱不留地也。余生長于雪國，每對閩人說雪景，而閩人毫不留意。蓋世上之事，未嘗觸目踏足

[176] 噏：意義同吸。

[177] 黧：音離，黑黃相雜。若是黧牛，指毛色黑中帶黃的牛。

[178] 觸藩：用典「羝羊觸藩」，形容以角撞籬笆，被籬笆纏住，前進後退不得。

[179] 旨味：日語，指美味。

者，其感覺甚薄。譬猶對寒國之人，說苦熱之狀，其身未嘗經驗，是以殆[180]如隔靴搔痒，亦自然之理耳。

64. 無震無災

閩地之得於天，厚於他鄉者，豈啻一歲兩收之利呼。人之最所忌且畏者，莫若於震災，而此地近傍無火山，震動甚少。危樓傑閣之既，就傾圮者猶依然，且年中無暴風，人民雖失火，不至延燒。我邦則反之，火山甚多，震害時起。其害大者，一朝夕之間，陷沒數萬戶，是以築屋，大抵以木材，不用土石。其唯然，故災害亦隨多。比諸於閩人，其幸不幸，果何如。

65. 虎病[181]鼠疫

閩人之福利如前舉，而大不幸者亦存焉，虎病、鼠疫之侵襲是也。三、四月之候，霖雨漸歇，則俄然入暑。當此時，虎病、鼠疫並臻[182]，感染者以萬數之，可謂至慘矣。雖然疫癘者，雖謂天為，亦人事之未盡者也。何則虎病、鼠疫之發也，必缺衛生之務，而怠防禦之法也。西人目東亞諸邦為未開野蠻者，正此理矣。我邦近時衛生之術，莫不研究，而時未免有疫病，是亦未盡人事，而恃天時之弊也。況如茲土，衛生之事，全措於度外[183]而不顧。屋之內外，塵芥堆積，糞溺狼藉。既無巡視街衢之警吏，又無察病於未發之良醫。其為虎病、

[180] 殆：音待，指恐怕、大概。

[181] 虎病：即虎疫，為急性傳染病Cholera，霍亂。

[182] 臻：音真，到之意。

[183] 同「置之度外」，指不以為意，不加理會。

鼠疫之所侵，亦所不免耳。余故曰，閩之有疫癘，未盡人事之罪也。

66. 東門溫泉

榕城東門外，田塍[184]之間，溫泉湧出，土人設場，以供衆人之澡浴。余一日往觀焉，矮陋不潔，貧民雜浴，終不浴而還。夫人之快樂，莫過於澡浴，而閩人澡浴唯去塵垢，不爲取快、散鬱之用，是以來浴者，大抵非苦力貧氓之屬，則芥癬[185]疲瘻[186]者耳，污穢益甚。或曰，華屋廣庭以待客，而客不到，則忽耗原資[187]，故然，噫亦可惜矣哉。

67. 不仕本土

清官官制，凡爲官吏者，不得就職於本地之官衙，必出仕他鄉，以爲定規[188]。蓋人之情，厚于舊故，而褻[189]于近親，當其處事行政，易流於偏頗愛憎，隨而請托易行，苞苴[190]易入。他鄉則人皆新，事亦無所涉，故無弊害所乘，故然是大有理。我邦則無此制規，司法行政之官吏，奉職於本地者亦多。唯制度完備，監察甚嚴，雖有近親故舊，不得挾其私情。且夫吏之無節操者，雖在何地，不保無瀆職之

184 田塍：田埂。塍音成，指稻田間的路界。

185 芥癬：由體積很小的疥蟎所引起的傳染性皮膚病。

186 疲瘻：化膿性感染引起的皮膚疾病。

187 原資：日語，指資金源。

188 此指本籍迴避制度。漢代初創，為各職官署各有不等大小的迴避區域範圍。主要目的是防止官員因個人或親屬利益關係等因素而對政治產生不良影響。

189 褻：音謝，指親近的、熟識的。

190 苞苴：音包居，贈、賂之意。古代行賄恐怕為人所知，故以草葦包裹掩飾。

事，既瀆職則衆目必注，黜陟[191]立至，豈亦問其本地與他鄉乎哉。

68. 軍營題句

一日過某兵營前，門楹題句曰，柳營春試馬，虎帳夜談兵[192]。世之爲武弁者，故不可無此鷹揚[193]之氣象，有此氣象而游刃綽綽，臨大事而不亂，當大節而不惑，得以成回天之偉業。唯世上之事，其言之易，而行之甚難耳。

69. 長鞭馬腹

語曰，長鞭不及馬腹[194]，是謂其物之過大，不適實用也。觀諸於此地之風習，類焉者凡有三，曰辮髮，曰長衣，曰長煙管是也。凡處急忙之時，執業者，其裝束不簡捷，則難應事。我邦封建之時，士人皆大髻長袴，帶兩刀，事皆貴尊重。後有所悟，斬髻撤袴去刀，以代短後之服。唯近來衣帽制亂雜無律，冗費亦隨多，是亦可嘆矣。

191 黜陟：音斥觸，一指職位的升遷或降黜，亦作「陟黜」，二為褒貶之意。

192 柳營春試馬，虎帳夜談兵：柳營泛指軍營，虎帳指軍帳、軍營。

193 鷹揚：威武奮揚如鷹。有成語「虎嘯鷹揚」，指如虎、似鷹一般威武奮揚。

194 長鞭不及馬腹：指鞭不及腹或鞭長莫及，馬鞭雖長，但卻打不到馬腹。比喻力量有所不及。

70.仁術猶多

門楣揭匾額，題醫術鹽梅[195]、名舉扁鵲[196]、醫方仙手、儒醫國手[197]等之字者，爲醫生淡暗之室。疎髯[198]之人，蕭然端坐。待病客，其藥方皆墨守扁倉[199]遺術，不與世遷移。是以西醫侵入，軒嶷[200]氏之術益衰。而其所謂稱西醫者，亦皆宣教師等之餘業，僅讀數卷書，糊塗一時耳。我邦昔時接奉軒口氏術[201]，後學蘭法[202]，今則取內外之長，別出一機軸[203]。史稱昔者秦皇使徐福求藥於我邦，然則我邦醫術之進步，其亦有遠因歟。

71.卜筮觀相

或橋上，或廟畔，張蓋[204]安机，端坐說八卦者，爲卜筮[205]者。垂布簾，題吉凶禍福等字者，爲觀相人。而窺其室內，寂然無人，惟清

195 鹽梅：鹽味鹹，梅味酸，都是調味的必需品，後引申為譬喻該領域中的重要角色。

196 扁鵲：春秋戰國時名醫。姓秦，名越人。後為良醫的代稱。因居於盧國，故亦稱為盧醫。

197 儒醫國手：儒醫是指讀書人出身的醫生，但亦可能是盧醫（扁鵲）的代稱。國手是具有某種才能技藝而為全國第一流的人。

198 疎髯：稀疏的鬍子。

199 扁倉：古代名醫扁鵲、倉公的竝稱，亦泛指名醫。

200 軒嶷：軒疑指軒轅，為中國上古黃帝的稱號。嶷，音匿，傑出之意。故軒嶷之術，疑意指中國古代留傳下來的醫術。

201 軒口氏術：軒口在日語是指軒（車子或廳堂前高起的部分，或指長廊）最前端。故軒口氏術，疑是指最尖端的（醫藥）技術。

202 蘭法：指蘭學，是日本在18世紀後半葉，通過荷蘭語學習西方近代知識的學問。

203 機軸：日語，指事物的核心、中心，或根本的構想、方法。

204 蓋：有覆蓋功能的東西。

205 卜筮：音補式。卜，以龜甲推斷吉凶；筮，以蓍草推斷吉凶。卜筮泛指占卜。

人信仰思想甚薄故然。我邦人則反是，信仰之念甚熾[206]，而投機之心亦甚盛。思念凝結，不得不待卜筮觀相，是以此等之業常極盛。東都[207]市上，以此術衣食者，不下數千人，而其巍然成紳士之生理[208]者亦多。此地斯道先生[209]，盍[210]一游東瀛[211]以博千金。

72. 照相畫像

以鏡映寫[212]其眞相者，稱曰照相。城之內外成斯業者亦多，唯脩[213]技日尚淺，未至精巧，獨其稱盧山軒[214]者稍可觀，我邦人木村某[215]曾游此地所傳云。又有畫肖像者，用筆緻密，眉目如生。聞此地父母死，則揭畫像於廟中，以致追遠厚本之意，可謂美風矣。

206 熾：音赤，指旺盛、熱烈。

207 東都：日語，指東京。

208 生理：從事本分而且正當的職業。

209 斯道先生：從事此道的先生（老師）。

210 盍：何不？

211 東瀛：日本。亦稱東洋。

212 以鏡映寫：因照相術是用一系列的透鏡或反射鏡組成的鏡頭，將光線折射聚焦後，在底片以化學變化儲存訊號，故謂以（依）鏡（光學鏡片）映（映照）寫（寫入、紀錄）。

213 脩：音義同修，指研習。

214 盧山軒：1860年代，日本若松（福島縣）出身的木村信二（1855-1911）夫婦在福州倉山麥園路開設的照相店。木村信二是明治時代的浪人。他在明治九年（1876年）「思案橋事件」中被捕入獄，明治十五年出獄後，明治十八年就受叔父幫助移居清國福州，在當地開設、經營盧山軒。但盧山軒表面上是照相館，實際上是從事調查中國事情的單位。他本人亦參與1894年日清戰爭（甲午戰爭），擔任海軍的翻譯。而盧山軒的中國學徒出師後，有再另外開設二妙軒、吉星、宜華、時代、會英、明星等等照相館。

215 木村某：即盧山軒主人木村信二。

73. 商家題句

一商家之柱聯曰，大學十章終言利，一部周官半理財[216]。噫何人之句乎。夫利之爲言理也，融通財力，培養國本也。大則一國之經濟，小則一家之生理係焉。全廢利，而其國家隆昌者，未曾有也。故一人之富，則一家之富，一家之富，則一國之富，利豈可不講乎哉。今夫口唱節義廉恥，而終身窮乏，不能利國家者，貨殖[217]傳之所戒。况商賈之所期固在利，炳然[218]陳其所志，豈其可笑邪。

74. 有桑無蠶

閩地桑樹偉大，其餘合抱者亦多。枝葉扶疏[219]蔽十畝，而養蠶者甚鮮。怪問之，曰此地炎熱，雖欲養之，難成效，故然。余謂天之生物，必有需用者而有供給，有供給而無需用者，未曾有。飛禽走獸草木虫魚，皆因此理而蕃息[220]。今有桑樹而不能養蠶，寧有此理乎。聞頃者，官有所見，于玆設局勸桑蠶，是亦可喜矣。

216 大學十章終言利，一部周官半理財：《禮記》〈大學〉篇相傳為曾子所撰，論格物、致知、誠意、正心、修身、齊家、治國、平天下之道，學成而治國。〈周官〉是《周禮》的本名，相傳為周公攝政後所撰，漢武帝時搜得，其後流傳至今。此書擬周室的官制，分天官、地官、春官、夏官、秋官、冬官六篇。冬官早佚，漢時補入考工記一篇。

217 貨殖：聚積財物，使生殖蕃息以圖利。即經商。

218 炳然：明顯、明白貌。

219 枝葉扶疏：樹木枝葉繁茂、高下疏密有致。

220 蕃息：孳生眾多。亦作蕃滋、蕃衍、蕃育、繁衍。

75. 廿年癮斷

買百種醫藥者，稱曰藥房。金字招牌，燦然奪目，其中有廿年癮斷四字。余怪問之，曰人多年喫鴉烟，則其毒充體，枯瘦疲弱，不堪於用，獨服此藥，則雖廿年來之癮疾，亦可治癒矣。余曰大哉藥之效驗，二十年癮疾依此藥而解除，可謂至妙矣。然余更有一藥。烟毒之慘，人皆所知，而不能斷禁者，情實之弊也。苟有豪傑之士，猛斷一決，絕禁之，則豈難除去。今也列國競雄，國民之元氣實關于其消長，不復可學昭昔時代逸樂沉醉之態。既知其非，而不能革新之，則其病也終不愈，豈唯廿年癮毒哉。古語曰，良醫治國，堂堂中華國豈其無一人之良醫耶噫。

76. 書畫潢裝

余有書畫癖，每逢逸品[221]，恍然神往。謂此地前漢以來之故土，逸品必多，就古器舖等搜之，大抵非近時所做，則亦皆摹擬贋品。又就潢裝舖，而視其所作亦皆近時所成，未嘗覯[222]秀逸者。蓋清人急於殖利，而其價貴者，齎[223]以代錢，非嗜深者，則不留之，是其一因也。清人不注意於襲藏[224]，每揭[225]壁上觸外氣，故縑[226]紙易敗，是二因也。潢裝之技甚拙，未經數年，往往破裂，是三因也。我邦則反

[221] 逸品：品格不凡、意境超脫。亦作絕品。

[222] 覯：音義同夠。

[223] 齎：音基，指挾抱、懷持。

[224] 襲藏：珍藏。

[225] 揭：公開表露出來。

[226] 縑：音兼，指細緻的絲絹。這是一種薄的絲織品，過去常用來書寫。

是，既曰名品，則擲千金而購之，珍襲愛翫不啻趙璧[227]，且最致意於表裝。錦繡[228]之幅，珠玉[229]之軸，香木之箱以藏之。是以唐宋以來之品，猶依然。蘇軾曰，物聚所好，蓋亦庶幾矣。

77. 不藏刀劍

清人藏文具而不藏武器，偶有焉，皆鏽澁[230]鈍折不堪用，習俗然也。是以古器鋪所陳列，大抵古研、寶玉、印石[231]、銅鉄之器，而刀劍鎗銃[232]類，寥寥鮮矣。史稱干將末邪之劍[233]，龍泉太阿之刀[234]，陸斬犀角，水斷蛟龍，而今在何處，武之衰頽可知。我邦以武建國，劍爲神器之一。遺訓所存，名工輩出，秋水[235]切玉，時傳海外。宋歐陽

227 趙璧：即戰國時期趙國的美玉和氏璧，形容極為珍貴的寶物。

228 錦繡：織錦刺繡。泛指精美的絲織品。

229 珠玉：珠寶和玉石。

230 澁：音義同澀，不滑潤。

231 印石：用以刻印的石頭。

232 銃：音chòng，槍一類的火器。

233 干將末邪之劍：干將、莫邪乃春秋晚期吳國的兩把著名良劍，其後有圍繞名劍而編出的干將、莫邪變成人名的傳說，或將干將、莫邪再進一步衍伸成為鋒利的形容詞。

234 龍泉太阿之刀：龍泉太阿皆為古代寶劍的名稱。龍泉亦稱龍淵劍，出自河南西平縣，取當地龍泉水淬劍而得名；浙江龍泉縣所鑄之劍亦稱龍泉劍。太阿則相傳為歐冶子、幹將所鑄，也作泰阿。

235 秋水：比喻光芒逼人的劍氣。

脩[236]日本刀歌[237]，可以徵[238]也。好尚如此，故襲藏方[239]莫不研究。摩娑[240]拂拭數百年來之物，猶新發硎[241]，忠臣義士、英雄豪傑所佩者，今皆珍襲。或納於神廟，或列公館，或設考古會，以競鑑識之明。孔聖曰，有文事者，必有武備。[242]文之與武，豈可偏廢哉。

陋俗荷[243]高文點染[244]，讀竟自笑，善隣[245]之勸，尤佩厚誼[246]。

吳懋昭拜讀

236 歐陽脩（1007-1072）：字永叔，自號醉翁，晚號六一居士，北宋中期的文壇領袖、政治家。廬陵（今江西吉州）人。比起韓愈高唱道統，歐陽修更注重實際，文以致用。他的文學成就以散文最高，影響也最大，是唐宋八大家之一。

237 歐陽修之日本刀歌：描述越的商人到日本買當時已經被稱為寶刀的日本刀，細寫其外裝及容貌等等。其全詩為：「昆夷道遠不復通，世傳切玉誰能窮。寶刀近出日本國，越賈得之滄海東。魚皮裝貼香木鞘，黃白閒雜鍮與銅。百金傳入好事手，佩服可以禳妖凶。傳聞其國居大島，土壤沃饒風俗好。其先徐福詐秦民，採藥淹留丱童老。百工五種與之居，至今器玩皆精巧。前朝貢獻屢往來，士人往往工詞藻。徐福行時書未焚，逸書百篇今尚存。令嚴不許傳中國，舉世無人識古文。先王大典藏夷貊，蒼波浩蕩無通津。令人感激坐流涕，鏽澀短刀何足云。」

238 徵：有憑據而確實可信。

239 方：日語，指收藏的人。

240 摩娑：音模縮，指用手撫摩。

241 硎：音刑，指磨刀石。發硎指刀子剛從磨刀石上離開，表示磨利。

242 有文事者，必有武備：語出《孔子家語・相魯》：「有文事者，必有武備；有武事者，必有文備。」

243 荷：音賀，指蒙受。今多用於書信中，表示謝意。

244 點染：點綴景物及渲染色彩。或指文章信筆隨意寫成。

245 隣：指日本。

246 厚誼：深厚的情誼。

78.遊環碧池館記

嘗讀曾鞏[247]道山亭記[248]，曰閩人以屋室鉅麗相矜[249]，雖下貧必豐其居。謂今距其時既遠，習俗其或變移歟。今遊此地，知其遺風猶有存焉者。福州北門街，吳氏家世富豪。吳生雄受業于武備學堂，一日詣余曰，家有園池養鶴，盍一游以慰情。余欣諾。以癸卯[250]臘月[251]初六，與同僚某氏俱往遊焉。到則吳生隨僮迎門，延[252]余及別墅。地雖在闤闠[253]中，境域甚廣。籓籬植竹，琅玕[254]鳴玉[255]。其傍一屋臨蓮池，茘樹蓊鬱蔽之。隔水有臺，是爲演戲場。沿池而行，有一大屋，顏[256]曰環碧池館，是爲延賓處。陳書畫古器，桌榻類皆以檀材[257]作之，嵌以美石，蓋夏時所用也。有一銅器，形似巨桶，叩之殷然[258]，

247 曾鞏：字子固，江西南豐人，世稱南豐先生，為北宋文學家。參前註釋。

248 道山亭記：該文為：「閩中……麓多桀木，而匠多良能，人以屋室巨麗相矜，雖下貧必豐其居，而佛、老子之徒，其宮又特盛。……程公以謂在江海之上，為登覽之觀，可比於道家所謂蓬萊、方丈、瀛州之山，故名之曰道山之亭。」

249 矜：音今，指敬重、推崇、自誇、自負、莊重自持。

250 癸卯：此指1903年。

251 臘月：農曆十二月。

252 延：引導、引進、招攬、邀請。

253 闤闠：音環會，指市場。

254 琅玕：音郎干，指圓潤如珠的美玉，亦可比喻美竹。亦作瑯玕。

255 鳴玉：擊玉發出響聲。此形容美麗如玉般的竹子撞擊發出的清脆聲音，如玉一般；亦是呼應前詞而作的形容。

256 顏：門堂上的匾額。

257 檀：包括(1)青檀。榆科青檀屬落葉喬木，高可十餘公尺；材質堅硬細緻。(2)紫檀。豆科紫檀屬。木材淡紅色，質亦堅硬緻密。

258 殷然：聲音低沉隱隱發出貌。

曰諸葛亮陣中所用皷[259]，古氣穆穆[260]可掬，或曰可以驗晴雨。有古瓦研[261]，方尺有八寸，亦有古色。楣間揭古書幅，皆逸品。館後有榭枕池，翠簾深鎖，是爲主人讀書處，題目澂波榭[262]。有橋曰雙蓮橋，渡橋得一屋曰藕神居。有樓曰滄[263]粟樓，樓下一屋曰天香[264]深處，皆可游涉[265]以消三伏。池廣袤[266]數百弓[267]，池中有嶼，架石橋，勾欄屈曲，曰亦宛轉橋。嶼中有亭，陳磁[268]椅，其傍芳蘭秀茂，皆多年所培養。聞此地以蘭聞於世，宜其美且豐。亭後有園棕竹[269]成蔭，中養二鶴，丹[270]頂雪翎，有仙禽之姿。最後一屋曰掬月簃[271]，揭蘇軾書，筆

---

259 皷：音義同鼓。

260 穆穆：深遠、平和恭敬、柔和貌。

261 瓦研：即瓦硯，以古宮殿瓦製作的硯。如漢未央宮、魏銅雀台等諸殿瓦，瓦身如半筒，厚一寸，背平可研墨，唐宋以來人取以為硯。亦指陶製的硯。

262 目澂波榭：澂音義同澄，意指清澄；榭，音謝，為建築在臺上的房屋，是一種借助周圍景色而設的園林休憩建築。如水榭，指臨水的樓臺或建於水上的樓臺，可供人遊憩。

263 滄：音意通蒼，指青綠色的。

264 天香：指自天上傳來的香氣，亦可指牡丹。如國色天香，形容花朵的嬌豔和氣味濃郁，或專門形容牡丹花的可貴。

265 涉：經歷、博覽。

266 廣袤：音廣茂，指土地的面積。東西向稱為廣，南北向稱為袤。

267 弓：量詞。古代計算長度的單位。六尺為一弓。

268 磁：通瓷，瓷質的。

269 棕竹：棕櫚科觀音棕竹屬，常綠灌木。幹高一至三公尺，葉披針形，深裂為五至七片小葉，柄瘦長，花小，色淡黃，常開花但不易結實，果為漿果。

270 丹：紅色的。

271 簃：音移，與樓閣相連的小屋。

力遒勁[272]，有扛鼎[273]之勢。余性有書畫癖，相對怡然。閩吳氏四世以循良[274]聞於世，雄[275]之考[276]肖薇祖仲翔，皆富而好學。其遺子孫者，大異於庸俗。而堂構之繼承，吳生勉乎哉。是余今日之樂，又非徒[277]在游觀也。時屬初冬，落葉滿地，池魚潛形，氣蕭索而境益幽。蓋閩地夏熱，築屋先以消暑爲計，故游涉最適於夏，而不適於冬。若夫春夏之交，池塘芳草，清風徐來，當此時再游試其樂，果何如。因憶余少時，好讀唐宋諸家文，每欲一游以驗其文。今也偶客於茲[278]土，時探勝槩[279]，不亦善隣[280]之餘澤乎哉。乃記以贈吳氏。

吳懋昭評 大作敘次[281]清雅，氣韻雋永。佩服佩服。

鄧祖庚評 筆意古樸，無近時煙火[282]氣，是得力於天趣者獨多。拜服拜服。

272 遒勁：音求勁，指強勁有力。常用來描述文章、書畫的風格、筆法。

273 扛鼎：舉鼎。形容力氣很大。若為筆力扛鼎，是形容文筆精練蒼遒、勁力十足。

274 循良：善良、奉公守法（的官吏）。

275 雄：疑指吳生雄。

276 考：死去的父親，或稱先祖。

277 徒：但、僅；白白的、平白。

278 茲：音資，此。

279 槩：音義通概、慨（感慨）、漑（洗滌）。勝槩，即勝概，指美景、美好的境界。

280 隣：此指中國、福州。

281 敘次：按順序、安排次序。

282 煙火：形容華麗但短暫。

前日所諭[283]環碧池館記，拜讀之餘，不勝企仰[284]。星期日回家，以示兒童曰，此吾師佐倉先生佳作也。衆兒童環而讀之，皆欣然，古人云好書不厭百回讀，吾謂佐倉老師之文亦然。衆兒童又謂學生曰，他日老師再來我家，弟等必備好酒肴相請也。於是，爭將此記懸諸座右，爲環碧池館增光焉。學生未通日語，每見老師，往往相對無言，恨甚。倘語言能通，師弟之情當更深也。爰[285]書數句，以當筆談。呈上鎮海樓[286]文一紙，以表微忱[287]。伏乞笑納。

學生吳雄呈　初三日

[283] 諭：音欲，告知、曉喻、明白、了解。

[284] 企仰：踮起脚来仰望。引申指景仰，仰慕。

[285] 爰：於是。或是發語詞，無義。

[286] 鎮海樓：古名樣樓，位在福州市鼓樓區屏山頂上，原是福州城內正北的標誌。明朝洪武四年（1371年），王恭負責砌築福州府城。建城時，先在屏山頂修建一座重檐歇山頂的雙層城樓，作為各城門樓建造的樣本，稱為樣樓。樣樓是當時福州最高的建築物，登樣樓可以遠瞰閩江口乃至東海，所以又名鎮海樓。也是過去海船進港的觀看地標。

[287] 微忱：音威臣，指微薄的心意。

79.學堂十三趣

學堂係舊巡撫廳舍，門高壁厚，儼然如城郭。而其中廣闊，足容萬衆，殿堂廊廡[288]，區畫井井。有望樓，有蓮池，有菊圃。傑木異草，葱鬱而秀蒨[289]，隱然占[290]名園之觀。今充以爲學堂，自教師學生，至閽人[291]僮僕，無慮數百人，皆在此中。非有疾病事故，則不許出。余輩千里之客，亦結夢於此中。既無家眷團欒[292]之樂，又無遠朋來訪之歡。暇則讀書，倦則逍遙庭中。其間所映眼觸情者，隨記以備異日之遺忘。

蕉林聽雨

余居在堂北隅，勢高而境幽。室雖不廣，瀟灑[293]適體。室之前後有空隙，移芭蕉十數株，地沃葉伸，大似舟，至冬不萎。夜中降雨，則刺刺[294]有聲，猶人之扣扉者。

---

288 廊廡：堂下四周的廊屋。廊無壁，僅作通道；廡（音舞）有壁，可以住人。故廊廡亦指堂前東西兩側的廂房。

289 蒨：出自蔥蒨，形容草木青翠茂盛。

290 占：有、具有。

291 閽人：閽，音暗，舊時宮門晨昏按時啓閉，故稱守宮門的人為閽人。後泛指守門人。亦稱為閽侍。

292 團欒：形容圓的樣子、團聚。

293 瀟灑：形容人清高絕俗、灑脱不羈。類似飄逸、俊逸、超脱、灑脱。

294 刺刺：多言貌。如刺刺不休。

老桑棲鵲

東隣一屋，是爲同僚某氏之居。樓上氣象開豁，前望烏石九仙[295]，後顧蓮華[296]旗峰[297]。樓下有一桑樹，蒼[298]然如老龍，蓋數百年外物。鵲棲之，其聲嬉嬉然，如戲如嘲，時或亂人語，今也慣耳而不覺煩。

榕蔭養鹿

隔牆爲學生自習場，庭中榕樹鬱然，蔽數十畝。其下結柵養鹿，瞋目怒角，一見似猛牛，而溫藉[299]馴人。暮夜無人，則呦呦[300]呼友。可以養同學友愛之誼。

閣上明月

堂中最高處曰嵩山[301]，有二層閣，頗富眺矚。近則城中之諸山，遠則郊外之諸峰，列峙如屛。其最秀且奇者，爲五虎山。山似人鼻，

[295] 烏石九仙：烏石山，又名烏山。唐天寶八年（749年）敕名為閩山。宋熙甯初郡守程師孟登山攬勝，認為此山可與道家蓬萊、方丈、瀛洲相比，便改其名為道山。該山怪石嶙峋，林壑幽勝，有蓬萊仙境的美稱。又《烏石山志》釋，傳聞漢朝何氏兄弟九人，武帝時父為淮南王客，九人知王必敗，遂竄入閩，居於山，鑿井煉丹，人稱九仙。其曾九日射（烏）烏山上，後世稱「射烏山」。故烏山有九仙的典故，烏石山又名烏山。

[296] 蓮華：指蓮華山。《閩都記》：「屏山峙其北，印嶼浮其東，蓮華在其南，仙茅障於東北……。」

[297] 旗峰：指旗山雙峰。

[298] 蒼：草色、深青色。或指（頭髮）斑白的。

[299] 溫藉：亦作溫籍，指含蓄、寬容包涵。

[300] 呦呦：音悠悠，狀聲詞。形容鹿鳴聲。

[301] 嵩山：山名。中國五嶽中的中嶽，位於河南省登封縣，為秦嶺餘脈。但此處的嵩是指高聳的；如嵩峻，高大貌。

面海洋，外人稱曰鼻山。俯瞰則市廛櫛比，炊煙高颺[302]。若夫乘月明登此樓，則四顧空明，浩呼如乘虛[303]御風，發遺世獨立之想。

劍光槍影

閣下一大屋，是爲擊劍場。銕[304]面竹刀，木槍革甲[305]類，無所不具備。學生應指揮，刺槍舞劍，以演喑啞[306]突衝之狀，可謂壯觀矣。自火器[307]一傳，肉薄[308]刺擊[309]之術屬衰廢。而今有所悟，斯道復興。夫化怯爲勇，變脆爲剛之道，莫捷[310]於劍槍。勉焉刻厲，磨以歲月，則尙武之風，勃然而興矣。

藤蔭消暑

有一屋簷牙高啄[311]，巍然凌霄，是爲大講堂。祀孔聖關將軍，爲文武之宗，使諸生矜式。其傍一室，老藤蟠屈，枝葉蔓衍，深遮日光。室稍闇[312]，而氣凉清。蓋閩地酷熱，避暑之計惟多。楣間有扁

302 高颺：高高飄揚。颺，音揚，指風吹、高飛。

303 乘虛：凌空、騰空。

304 銕：音義同鐵。

305 革甲：皮革制的戰甲。

306 喑啞：音音亞，兩字均有發怒喝叫，或嗓子啞而不能出聲的雙重意思。

307 火器：泛指利用火藥爆炸燃燒的武器。如槍、炮、火箭等。

308 肉薄：典出「肉薄骨並」，形容肉和肉相迫，骨和骨相並，指戰鬥的激烈。

309 刺擊：使用武器之術，如刺槍擊劍。

310 捷：快速。

311 翹出如牙的部分，高啄是像鳥向高處啄食一樣。用典自唐朝杜牧《阿房宮賦》：「廊腰縵迴，簷牙高啄。」

312 闇：音義同暗。

額，曰思益山房。筆意蒼秀[313]，有君子之風。前巡撫鄂氏[314]之筆云。

老荔罩煙

大講堂之前，有辦務室，庭上宏闊，敷以花崗石，坦然如抵[315]。左右荔樹對峙，幹根磥砢[316]，枝葉扶蘇，可以憩，可以吟。蘇軾有句，曰餤荔支三百顆。余未知其何狀，今游此土，始知其妙旨。

菊水相映

堂中有橐駝師[317]，培養花卉數百種，黃白競艷，紅紫鬪芳，爲此間第一之奇觀。其最可愛者爲菊，花瓣豐偉，香氣苾茀[318]。圃中有池，以版石築之，形似井字，中放金鱗數尾，喁喁[319]游泳，自適之趣可掬。

---

313 蒼秀：蒼老而清麗、俊美。

314 巡撫鄂氏：疑為福建巡撫鄂寧（其前後任福建巡撫各為鍾音和溫福）。鄂寧為滿洲鑲藍旗人，姓西林覺羅，軍機大臣鄂爾泰之子。舉人。乾隆三十一年（1766年），由副都統、侍郎授湖北巡撫，旋調湖南。翌年，調雲南巡撫，後升雲貴總督。曾參與征討緬甸事務。

315 抵：頂、支撐。

316 磥砢：音磊裸，眾多、堆累貌。

317 橐駝師：橐駝，音陀陀，形容人老病而背部隆起（駝背）的人。唐朝柳宗元撰有〈種樹郭橐駝傳〉。郭橐駝以種樹為業，凡是長安豪門富戶修建觀賞游覽的園林，還有賣水果的人，都爭著請他回家代為種樹。他的秘訣只是順從樹木自然生長的天性，讓它們按著習性發展成長而已。而問者卻從他種樹的方法，得到治民之道。本作品雖名為傳，實際上是一個諷喻的寓言故事。

318 苾茀：同咇茀，音畢博，指芳香的香氣濃烈。

319 喁喁：音演嫆（yóng），指魚嘴巴一開一合貌。

操場游戲

操場廣袤數千弓，形似雁字[320]，雉草[321]密生，如氈，爲學生練隊伍處。時也方[322]高秋[323]，劍光閃閃映於晨霜，軍笛嚠喨[324]響於暮靄[325]。暇則師弟相集，演戲技，或蹴鞠[326]，或投球，或曳綱[327]，或奪旗[328]，驩[329]然相得，亦嚴中之寬樂也。

燈光書聲

學生宿房區爲四，庭中植竹，清淨無點塵。有浴堂，有膳廳，整然具備。晚食既終，燈光四射，咿唔[330]之聲盛起。既無捉螢積雪[331]之勞，又無傭寫借書[332]之煩，如此而業不成者，不爲也，非不能也。

[320] 雁字：雁群飛行天空時，排列如「一」或「人」等字形，故雁字指一或人字形。

[321] 雉草：小草。

[322] 方：正、適、將、才、始。

[323] 高秋：天高氣爽的秋天。亦是指深秋。

[324] 嚠喨：音同劉亮，指樂器等聲音清澈響亮。

[325] 暮靄：傍晚的雲霧。

[326] 蹴鞠：音促局，一種踢球遊戲，類似今日的踢足球。也作蹴鞠、踢鞠、蹴圓或打毬。毬是皮縫的，內塞羽毛。

[327] 曳綱：拔河。

[328] 奪旗：搶奪敵人的軍旗。形容英勇作戰。

[329] 驩：音義同歡。

[330] 咿唔：音依無，讀書聲。

[331] 捉螢積雪：亦作囊螢積雪、映雪囊螢。晉朝車胤家貧，無力購買燈油，於是在囊袋中放入螢火蟲，借螢光讀書。積雪，指晉朝孫康利用雪光照映讀書。故事旨在形容在艱困的環境中勤奮讀書。

[332] 傭寫借書：典出漢朝班超因家貧，曾為官傭寫書。

蓮池蛙聲

堂之東隅有園，境廣而幽，奇石峙焉，題曰雲岫[333]。老樹繞之，有桌榻，以石構之，可以圍碁，可以寫字。其傍有蓮池，廣不過十笏[334]，清洌可鑑[335]。夜間閣閣[336]成聲者，蛙也。池在學堂中，度其鳴，皆爲公，決非爲私鳴也。

洋樓芳蘭

有樓巍然高聳，室內硝窓凈机，結構布置，盡擬泰西，是爲堂員會議處。樓下養蘭，不知其幾十種秀茂。無匹詩詠，菁莪[337]作人。孟叟以育英爲至樂[338]，自古既然，况今宇[339]內競雄，養材之任重且大矣，是其樂，又非徒在游觀也。

馬場知秋

隔牆有馬廄，所養甚多。馬係遼東之產，軀矮而蹄健，溫馴順人。其側有調[340]馬場，雖不甚廣，白砂平敷，淨潔無比。閩人喜騎，

333 雲岫：典出「煙嵐雲岫」。岫，音秀，指山巒。煙嵐雲岫比喻山間雲霧瀰漫、繚繞。

334 笏：音互，是計算單位；鑄金銀成為笏形，一枚稱為一笏。十笏是指十個金條的寬度。

335 鑑：鏡子、映照。

336 閣閣：形容蛙鳴聲。

337 菁莪：音經額，形容有才學者。「化洽菁莪」或「作育菁莪」即形容從事教育工作，造就人才。

338 孟叟：對孟子的尊稱。孟子曰：「君子有三樂，而王天下不與存焉。父母俱存，兄弟無故，一樂也；仰不愧於天，俯不怍（指慚愧）於人，二樂也；得天下英才而教育之三樂也。君子有三樂，而王天下不與存焉。」故言，孟叟以育英為至樂。

339 宇：房屋、屋簷；或上下四方，整個空間的總稱。

340 調：調好、訓練。

學生皆競而習御[341]，熟練最速。今也秋高，馬皆肥健[342]，振鬣[343]而嘶，猶示其可用者。

鄧祖庚評 此志頗得閒中之趣。萬物欣欣，靜觀自得。所謂道在當前，俯拾即是者，非耶。

吳懋昭評 點次風景，似得力於柳[344]文者。自有此作，堂中爲之生色矣。

---

341 御：駕馭，指揮、控制馬的前進。

342 今也秋高，馬皆肥健：典出「秋高馬肥」，形容秋空清朗高曠的時節，馬匹肥壯。

343 振鬣：鬣，音獵，獸類頸上的長毛。振鬣即形容騎馬飛奔，馬鬣飛揚貌。

344 柳：不確定所指何人。但歷代姓柳又善寫風景的名家，包括：(1)晉朝陶淵明（365-427）。潯陽柴桑人。安貧樂道，自號五柳先生，世稱靖節先生，為古今隱逸詩人的代表。(2)宋朝柳永。福建崇安人。因排行第七，亦稱為柳七。世號柳屯田。其詞風旖旎平易，語言通俗，情感率真，多為歌詠太平盛世尋歡作樂的作品。(3)唐朝柳宗元（773-819）。河東（今山西省永濟縣）人，亦稱為柳河東。因曾被貶為柳州刺史，故亦稱為柳柳州。為唐代古文運動主將。其詩文擅於刻劃山水，反映現實，風格清新峭拔。

80.遊皷山記

皷山[345]者，閩省東門外三里許，福郡之鎮山也。屹立海濱，形如皷，故名。巔有浮圖[346]，曰湧泉寺[347]。唐德宗間，巖石决裂，甘泉湧出。閩王審知[348]即其地建寺，命僧神晏[349]居此，傾國貲[350]以鳩[351]之。歷代興廢不一，明初重脩，增舊制，稱曰閩山第一。歲癸卯臘月廿八，余與邊見、巖切二君往遊焉。早起乘輿出東門，經野田，天晴氣

---

345 皷山：鼓山。位福州市東郊。其北面為鼓嶺，南面是閩江，東面是大磨溪，西面為福州平原。

346 浮圖：佛家語，指佛陀，即浮屠。此處指佛塔。

347 涌（湧）泉寺：在今福建福州市東郊，閩江北岸的鼓山白雲峰麓。原為一積水潭，唐建中四年（783年）建，此後多次重修；因寺中有一泉水涌出得名。目前建筑多屬明、清兩代修建，有天王殿、大雄寶殿、法堂、藏經殿、明月樓、方丈室、國佛教寺院。此外，寺內藏有大量佛教經典，如南北藏、清代龍藏、日本敘藏和明清兩代本寺高僧元賢、道霈等著述數千冊，有閩剎之冠之稱。

348 王審知（862-925）：字信通，光州固始（今河南固始）人，秦將翦三十四代孫。唐末五代將領，領地為今日福建的全部地區，封為瑯邪郡王。五代時期閩國的建立者，909-925年間在位。王審知持身節儉，好禮下士；選任良吏，減輕賦役，與民休息，深得人心。唐代知名士人皆聞名投靠。在福建境內，他興建學校、開闢海港（甘棠港）、招徠外國商賈、獎勵通商。後梁開平三年（909年），加拜中書令，封閩王。福州建有閩王祠，尊稱王審之為「開閩尊王」、「開閩聖王」等。

349 神晏：唐末五代僧，生卒年不詳，俗姓李，大梁（今河南開封）人，初出家於衛州白鹿山。梁太祖時，閩王王審知請其住福州鼓山，建鼓山湧泉禪院，尊號興聖國師，世稱鼓山和尚。當時從學者甚眾。有語錄集《鼓山先興聖國師和尚法堂玄要廣集》。神晏認為，埋首研究佛教經籍易被文字所枷鎖，因此鼓勵求道者應該離開故鄉，到外地去追求正道，如此才不會被經典文字所迷惑。成語「離鄉背井」即由此而來。

350 貲：音義同資，指財貨。

351 鳩：聚集、安定。

暖，似我邦小春[352]之候。輿夫九人，皆魁梧，疾馳如駿[353]，頃刻達山麓。有一屋，堊壁高聳，是爲白雲廨[354]。老榕對峙，使人肅然。乃舍輿攀磴[355]。渡東際橋[356]，橋下有泉，自山上瀉注，淙淙[357]然如鳴琴。有奇巖曰喝[358]水巖，聞在昔神晏誦經巖畔，惡水聲喧嘈，喝之，遂逆流別澗[359]。又宋蔡襄[360]書忘歸石三字於此。全山皆露石骨，而白砂爲膚，青松爲髮，大似一美人裝束。樹多爲風所壓，屈曲偃蹇[361]，自有姿態。石稜稜[362]如劍戟，如狻猊[363]。樵[364]童掃落葉，砂[365]面如雪。而磴道[366]通其間，紆餘[367]盤旋以昇，老幼咸可安步。左右石壁題字，多

352 小春：陰曆十月的別稱，因天氣溫暖如春而得名。

353 駿：良馬、急速。

354 廨：音謝或借，指官署，古代官吏辦公處。

355 磴：音鄧，石階。

356 東際橋：登山時，從山麓廨院登上長長的台階，經過七亭七里路就可到達湧泉寺山門。其第一亭即東際亭。過廨院即是東際橋，橋上過亭即可登山。

357 淙淙：音從從，狀聲詞。形容流水聲。

358 喝：音賀，大聲喊叫。

359 澗：音漸，指山間的流水。

360 蔡襄（1012-1067）：字君謨，宋興化軍仙游（今福建仙游）人。宋仁宗天聖時進士，歷任開封、福州、泉州、杭州知府。蔡襄為人謙虛謹慎，書德很高，也輕易不為別人作書；若為人作書，便認真不苟，不失法度。著有《茶録》、《荔枝譜》、《蔡忠惠集》。與蘇東坡、黃庭堅、米芾，並稱宋朝四大家。

361 偃蹇：音演剪，形容高立、屈曲、安臥貌。

362 稜稜：音lēng lēng，寒冷、威嚴不阿貌。

363 狻猊：音酸尼，獅子。傳説中龍生九子，第八子金猊（狻猊），形體似獅，喜煙好坐，所以形象一般出現在佛座和香爐上，隨之吞煙吐霧。

364 樵：打柴的人。

365 砂：細碎的石粒。

366 磴道：山上的石路，或是山上有台階的石徑。

367 紆餘：音淤於，從容寬舒貌，或指曲折婉轉。

不足觀。獨宋朱熹所題天風海濤四大字，筆力挺拔，與山競秀。有榭曰更衣亭，爲山僧賣茶處。謂到此距寺不遠，遊者或更衣而進云。憑欄四顧，北望城郭於雲煙杳靄[368]之間，西瞰南臺在白波漂渺之中。江流環匝[369]，分爲三叉。日光映射，浩浩蕩蕩，如銀河直瀉。下遊有二艨艟[370]泊焉。展鏡望之，一爲我高千穗艦[371]，一爲英艦。其側桅檣林立，白帆往來。兩岸市廛村閭，碁布星羅，皆集於眉睫。時則松籟謖謖[372]，清氣襲肌，眞勝境也。出亭拾磴數百級，有石門，曰無量門。老楓一株，爛[373]然飽霜。傍有廟，祀關將軍[374]。有池廣袤數百弓，清澈可鑑。翼以修竹，矗[375]然成林。正玩賞間，忽聽鯨吼[376]，則湧泉寺即在當前也。飛棟聳[377]空，簷牙高啄，鐘樓層塔，傑構巍然[378]，如蜃樓[379]。僧衆數百人，皆白衣黑帽。除唪經[380]外，或執洒掃，或習耕

368 杳靄：音咬矮，形容雲霧飄渺、幽深渺茫貌。

369 匝：音紮，形容圍繞、籠罩。

370 艨艟：音蒙童，一種古代戰艦，亦稱為艨衝。形狀狹長，船體用生牛皮保護，兩廂開掣棹孔，左右前後有弩窗矛穴，敵不得進，且可衝撞敵船。

371 高千穗艦：日本的巡洋艦，由英國阿姆斯特朗兵工廠於1886年3月建成，航速18.5節，曾參與甲午戰爭。1914年10月中旬被德國的魚雷擊中沉沒，同月底除籍。

372 謖謖：音速速，形容風吹聲。

373 爛：光明、顯著。

374 關將軍：即三國時代關羽。

375 矗：音觸，直立高聳。

376 鯨吼：謂鯨魚吼叫，比喻濤聲；亦可比喻鐘聲洪亮。因古代以鯨形的杵撞鐘，故稱鐘聲為鯨音。

377 聳：直立、高起、驚駭。

378 巍然：高大壯觀。

379 蜃樓：蜃音甚，指由光線折射所產生的樓閣、城市等虛幻景像。如海市蜃樓。

380 唪：音fěng，指大聲吟誦。唪經即誦經。

耘。堂中金碧燦爛，眩人耳目。壁間揭大軸二，一瑞圖[381]，一本山道虎祖師所書，筆力遒勁[382]爲雙美。當門一僧，喃喃問訊。余不解，授以筆，畧悉梗概。傍暗室內，一老僧結跏[383]入定。形如槁木，色似死灰，余不覺悚然。庭前老松，偃蹇張鶴，翼奮虬髯[384]，褅視則蘭也。寺後一高峰，似巨鐘，曰妙高峰，勢不可攀。出門降磴，左折入深谷，有瀑高十數丈。用水力撞鐘，奇搆[385]可喜。其側懸涯斧削，構樓其間，形如舟，爲近年洋客避暑處。時日已過午，乃就展望最佳處，踞石而憩。出藏酒二瓶，燒落葉賁之。佐以肉脯[386]，且飲且啖，爲時驩[387]甚。因思赤壁之遊，坡公當日亦有二客相從，至今傳爲美談。[388]今吾三人，向皆肄業於東都二松學舍[389]，今復同遊，未始非一段佳話也。則此一遊也，豈偶然哉。自茲以往，殆將有無限之奇緣來相契

381 瑞圖：疑指張瑞圖（1570-1641），明朝書法家。字長公，號二水，又號白毫庵主，福建晉江人。初學鍾繇、王羲之，後另闢蹊徑。萬歷年間進士，後以禮部尚書入閣，為魏忠賢所賞識，後入逆案坐徒贖為民。其書法與邢侗、米萬鐘、董其昌齊名。

382 遒勁：遒音求，遒勁指剛勁有力。常用來描述文章、書畫的風格、筆法。

383 結跏：佛教徒坐禪的姿勢。

384 虬髯：音求然，指蜷曲的鬍鬚。

385 搆：音義同構，搭建。

386 肉脯：脯音府，枯干的：肉脯是用肉類焙乾製成的絲絨狀食品。

387 驩：音義同歡。

388 赤壁：山名。有四處，皆在今湖北省境內。其中，蘇軾因烏台詩案被貶謫到黃州（今湖北黃崗）期間，曾以赤壁為題寫了〈前後赤壁賦〉二賦和〈念奴嬌 赤壁懷古〉詞。賦中藉著懷想當年赤壁英雄們均已是過往之事，感慨生命短暫與人生虛誕，因而對萬物的變與不變提出豁達而富哲理的反思。此後黃州赤鼻磯遂有東坡赤壁之稱。

389 二松學舍：1877年，日本漢學名家三島中洲在東京麴町創立之漢學塾。1949年改制為二松學舍大學。

合。則吾三人歡欣鼓舞，更當何如耶。乃相與大笑，聯袂而返。適輿夫以日暮[390]急躁，刺刺不休，余一喝而止。邊君曰，昔者，神晏喝水，水逆流，君今一喝，輿夫屏息，今與昔何適[391]相吻合乎。巖君曰，名因事起，地以人傳，安知後之好事者，不名之曰喝奴巖乎。乃復哄然大笑，聲震巖谷。抑又聞之，虎溪有三笑故事[392]。此一喝也，即謂爲虎嘯亦可。

鄧祖庚評 鼓山名勝，心醉久矣。讀此記，神已先往。異日登臨，當奉爲先導。

吳懋昭評 以浩蕩之天懷作清曠遊，胸中得於山水者多，筆端自無俗韻。文中有以趣勝之處，尤徵澤古之力。

390 日暮：傍晚。

391 適：相合、相當；偶然、恰巧。

392 虎溪有三笑：即虎溪三笑。東林寺前的虎溪，據說是慧遠禪師送客出寺的界限。慧遠專心修行，送客從不越過虎溪，但有次因與陶潛及廬山簡寂觀道士陸靜修暢談義理，興猶未盡，不知不覺就過了虎溪，以致慧遠所馴養的老虎馬上鳴吼警告；三人因之相顧，縱情大笑，欣然道別。這是廬山的著名傳說，經唐宋文人繪圖作文，大肆渲染後，名傳千里。但這一僧一道一士的生年各是慧遠（334-416）、陸修靜（406-477）、陶淵明（365-427）；慧遠去世時，陸靜修只十歲，故此事虛構的成分很大。

81.登烏石山記

福州城中有山，曰越王，曰九仙，曰烏石，隆然成鼎勢，稱曰三山城[393]。越王浩豁，九仙平遠，烏石則以奇峭勝，其名最著。相傳漢何氏[394]引弓落烏雲際，或曰顚有鴉谷浴池，故名。唐天保八年，勅名閩山。宋光祿卿程師孟[395]知福州，謂此山登覽之勝，可比道家蓬萊方丈瀛洲，遂名道山。曾鞏作記，當時山有三十六奇云[396]。今歲甲辰[397]一月十日，余偕學生某往遊焉，取路於白水庵，拾磴而昇，有聖母[398]

393 烏山（閭山）與於山（幾仙山）、越王山（屏山）如古鼎的三個鼎足屹立於福州市區中心。烏山在西，於山在東，屏山在北，「三山」故成福州的別稱。

394 何氏：指何氏九仙。

395 宋光祿卿程師孟：指熙甯元年（1068）九月，程師孟以光祿卿出為福州知府一事。程師孟（1015-1092），字公闢，蘇州吳縣（今江蘇蘇州市）人。生於官宦之家。宋景祐元年（1034）進士，歷任光水、錢塘縣令，桂州通判，楚州、夔路和河東提點刑獄，在夔路開倉賑濟災民，在河東興修水利，防治水患。治平元年（1064）入京任三司都磨勘司，管理河北四榷場事務。熙甯元年以光祿卿出為福州知府。翌年四月，動工修建子城城牆，並擴建其西南隅，又以餘力疏浚河湟，修造橋樑。熙寧三年（1070），師孟在廟學內建廳舍，州學教授有廳自此始。程師孟又在烏石山建道山亭，請文學家曾鞏作《道山亭記》。師孟提倡植榕，綠化福州，還留下不少詩篇和「霹靂岩」、「天章臺」、「沖天臺」、「光祿吟臺」、「宿猿洞」等題刻。同年六月，調任廣州知州。福州人民為程師孟建生祠于烏石山千福寺，在祠旁立石碑，鐫刻他的詩作。師孟在廣州6年後，入京為給事中，集賢殿修撰、都水監、將作監，又移知越州、青州。後以年老辭官歸裏，進正議大夫。著有《奏稿》1卷，《續會稽掇英錄》20卷、《廣平奏議》15卷、《詩集》20卷、《長樂集》1卷。

396 光祿卿程師孟出任福州知府期間，在烏石山建道山亭，請文學家曾鞏作《道山亭記》；留下不少詩篇，和霹靂岩、天章台、沖天台、光祿吟台、宿猿洞等題刻。

397 甲辰：此指1904年。

398 聖母：天上聖母，指媽祖。

廟，廟畔榕樹張鵬翼，其下奎光閣[399]，梅花如雪，是爲劉氏[400]別墅。山上則奇巖重疊，如累卵，如兜帽，如虎豹，如臥牛。其最奇者爲鯉石，石生鱗紋，首尾皆具。又有藏六石，高丈五尺，偃然而横。其側有桃石，亦奇絕。巓有祠，曰隣霄[401]臺，有朱子題字。其側一圓石，中央剖裂似鈴，其右即鴉浴池也。此間有石必題字，或楷草篆隸，皆可觀。其最著者，爲般若臺銘，在華嚴巖左。昔有沙門，持般若經於此不釋手。唐太宗大曆七年，御史李貢造臺，李陽冰[402]大篆般若臺記刻於右，字徑一尺[403]。與處州新驛記[404]、縉雲縣城隍廟[405]、麗水忘歸

399 奎光閣：奎為關於文事的奎星，故奎光閣即類似文昌祠。

400 劉氏：疑指劉在朝（1587-1645）。字長孺，號廣乘。湖北監利縣紅城鄉白家灣村人，明天啓六年（1626）任福清縣知縣。

401 霄：天空、雲、高空雲氣。

402 李陽冰：生卒年不詳，唐代文學家、書法家。字少溫，趙郡（今河北趙縣）人，曾任縉雲縣（今屬浙江省）縣令。李陽冰善詞章，工篆書；其篆書筆健勁充，變化豐富，為秦代李斯之後的篆書大家。唐代中葉，顏真卿所書碑石，多為李陽冰題篆額。民稱「珠聯璧合」。

403 岩石的原名是華嚴岩，據説曾有一位勤勉的出家人持《般若經》於此，日不釋手，故有般若臺的禪名。《般若臺銘》鐫於唐大曆七年（772），是福州迄今為止發現最早的名人石刻。其高近4米，寬近2米，4行，全文「般若台 大唐大曆七年著作郎兼監察獄史李貢造 李陽冰書」24個篆字，每字徑達1.3尺。

404 處州新驛記：處州，今浙江麗水週邊。唐代宗時，李勉任滑州節度使，重建新驛。驛成，李勉撰〈滑州新驛記〉，由李陽冰為之撰寫碑文，刻石立於驛中。其釋文為：「新驛記，滑亭節度使李勉詞，李陽冰書。滑台舊驛，天寶丙申歲，逆臣盜國，師兢而焚。」宋歐陽修出任滑州太守，目睹前賢翰墨文章，揮毫再寫下〈唐滑州新驛記記後〉。現碑石已佚，但文章和篆刻拓片仍流傳於世。

405 縉雲縣城隍廟：縉雲縣，今浙江省麗水縣北，唐代屬處州府。〈縉雲縣城隍廟碑〉是李陽冰擔任縉雲縣令時，在該縣城隍祈雨有應後，篆寫刻石八十六字，記敘禱雨、遷廟。文曰：「城隍神，祀典無之，吳越有之。風俗水旱疾疫必禱焉。有唐乾元二年秋，七月不雨，八月既望，縉雲縣令李陽冰躬禱于神，與神約曰：五日不

臺銘[406]，世稱爲四絕者也。是爲山之最高處，踞石放眸[407]，城內外民戶六七萬，高樓傑閣如蟻垤[408]，屋瓦毗連如魚鱗。而九仙之七層塔，越王之鎭海樓，嶄然露頭角。城外則鼓旗蓮虎諸峰，列峙如屛。東望閩江朝海，渺渺[409]如銀蛇大橋架焉。白帆往來，宛然有觀檜畫之趣。因憶此山城市之景，不讓我邦愛宕[410]田野之趣，則似飛鳥[411]而奇巖崛嵂[412]之狀，則髣髴[413]於妙儀。兼此三絕，而在闐闐[414]中，則其聞於世，固所宜也。獨惜今人，委此名山於蔓草中而不顧，果何心乎。歸途出沈氏廟[415]下，入而觀之，庭園廣闊，花卉雜植，石徑竹斜，幽僻

雨，將焚其廟。及期大雨，合境告足。具官與耆耋群吏，乃自西谷遷廟于山巔，以答神休。」現存的石碑是宋宣和五年縉雲縣令吳延年根據拓片重刻，存於縉雲縣博物館。

406 麗水忘歸臺銘：麗水位在縉雲縣附近，屬浙江省。此臺銘原物已佚，僅存拓本。碑文為：「疊嶂回抱，中心翠微。隔山見川，溝塍如棋。環溪石林，春迷四時。曲成吏隱，可以忘歸……。」

407 放眸：四面環看。

408 垤：音疊，螞蟻穴口的小土堆。

409 渺渺：遼闊蒼茫。

410 愛宕：日本地名，有多處。

411 飛鳥：位日本奈良縣高市郡明日香村一帶。該地曾長期作為日本首都，留有許多大型的石造貴族古墳。

412 崛嵂：音絕律，高峻挺拔貌。

413 髣髴：音義同彷彿。

414 闐闐：音填填，本形容車馬隊伍聲勢浩大。亦可比喻為盛大貌。常用以形容鼓聲、車聲。

415 沈氏廟：指沈葆楨廟。沈葆楨（1820-1879），字幼丹，號翰宇，福建侯官（今福州）人。道光二十七年（1847）進士，多次上疏議論用兵之事。歷任江南道監察御史、江西九江知府、廣信知府、江西巡撫等職。1874年日本侵臺，沈葆楨為欽差大臣兼理各國事務大臣，奉命巡臺部署防務。光緒元年（1875年）任兩江總督兼南洋大臣，督辦南洋防務，擴充南洋水師，與李鴻章同為籌建海軍的主持人。謚文肅。

入山巔。一亭翼然，頗富眺矚，亭畔有石，刻舊濤園三字。聞此山稱石林，爲明許豹[416]別業。當時有吞江、松嶺、鳥跡、霹靂諸勝，至後乃爲沈氏廟。降磴入廟，之正楹見勅額[417]曰，忠孝成性，燦然奪目。沈氏名葆掑，諡文肅，有文武材，仕至兩江總督。咸豐間，沈氏宦江西廣信知府，出他郡籌餉，賊至廣信，城將陷，夫人刺血作書請援兵，自執爨[418]犒軍，士氣大奮，城遂全，至今傳爲美談。夫人實林少穆[419]之女也。沈氏歿，朝廷建祠寵旌[420]之。廟下有古梅兩三株，紅白相間，清香襲人。低回久之，請一枝歸插瓶中，作是記。

吳懋昭評　挈[421]掌故爲遊記添毫[422]，文傳而山名益著。山靈有知，當亦拜嘉[423]。

鄧祖庚評　凡紀所遊，必兼考校，足徵嗜古[424]。

416 許豹：字孟陽，元末明初大將許熊仕一族。其兄弟輩另有許龍、許虎。

417 勅額：皇帝、天皇等統政者對國內寺院，特別書寫、頒贈匾額。

418 爨：音竄，炊事。

419 林少穆（1785-1851）：名則徐，又字元撫、石麟，晚號竢村老人、竢村退叟、七十二峰退叟、瓶泉居士、櫟社散人等等。中國清朝後期政治家、思想家和詩人。曾任湖廣總督、陝甘總督和雲貴總督，兩次受命為欽差大臣。諡文忠。

420 旌：表揚、表彰。

421 挈：音切，提、舉、帶領。

422 添毫：晉朝畫家顧愷之畫裴楷像時，在頰上添上毫毛，使觀者更覺生動活潑。後來比喻文章一經點綴或潤飾，則更為生動傳神。

423 拜嘉：拜謝贊美、拜謝嘉惠。

424 嗜古：好古。

82. 遊玉尺山房記

榕城，號多名園，而其最瑰奇者，競稱郭氏[425]之玉尺山房。房在光祿坊闤闠之間，而占泉石之奇，是以得名。郭生學遠，脩業於武備學堂。一日詣余曰，先生好遊，盍一顧敝廬，余遂往遊。門牆龐然，一富商之家耳。既而入屋後小徑，有洞門，題曰纔[426]通人。排之，浩然得一大庭，園中央有巨巖，高三丈許，童[427]然屹立，篆閩山二大字。宋程師孟知福州，曾遊所題。其側有光祿吟臺四大字，僧某所書。巖下窪然[428]成洞，穴黯不辨其底，巖罅[429]生泉濺於池。又有一石，形如長鯨，臥于庭中，端有鑿痕。相傳昔有石柱矗然刺天，形如尺，故有玉尺之稱。巖底有古井，清澈可鑑，曰沁泉。其上，邱巒隆然以聳，即玉尺山也。雖不甚高，頗富眺矚，疎梅密竹相橫斜。降磴渡石橋入室，即玉尺山房也。房中陳古器書畫，又藏古書。其最浩瀚者，爲古今圖書集成一千七百卷。庭中養奇樹異草，有木似樟而非，曰雪丁香花[430]。又有一樹，松葉柏身，有異香，曰栝[431]，自

425 郭氏：指郭曾炘一族。郭曾炘（1855-1928）原名曾炬，字春榆，號晚匏廬，晚號福廬山人。福建侯官（今福州）人。歷任禮部郎中、內閣侍讀、光祿寺卿。八國聯軍陷北京時，郭曾炘隨慈禧太后馳赴西安。回京後，歷署工部、户部、禮部侍郎，入值軍機。辛亥革命後，以遺老自居，僑寓北京，無聊中輒寄情吟詠。卒後，清室謚之文安。同門郭柏蒼（1815-1890），清藏書家、水利學家。著有《玉尺山房》詩：「玉尺低分一壑泉，吟台高瞰七城烟。烏山受脉深藏屋，叢樹出枝斜向天。花影月明來枕畔，鳥聲風暖到筵前。猶嫌百度經過少，可許偷閑飽晝眠。」

426 纔：僅、只。

427 童：光禿的。

428 窪然：深陷貌。

429 罅：音下，指分開、裂開；空隙、隙縫。

430 雪丁香花：丁香是植物名，常綠喬木。花白色或紫色，四瓣，有香味，可入藥。因花形甚小，有如雞舌，故亦稱為雞舌香。本文雪丁香花，疑似指白丁香，係開白花的丁香。

431 栝：音瓜，即檜。

京都移植。其他喬松、老檜、丹桂、芳蘭，類皆競榮。構一室於巖洞，曰荔香洞，安朱子畫像，仇十洲[432]筆云。有樓曰霞端，有石梯曰鶴磴。攲[433]身而昇，望甚佳。樓下一屋，曰日夕佳樓，爲家眷居室。有臺曰月臺，陳盆景。有閣曰臥虎閣，閣下得一屋，曰柳湄[434]小榭，揭陶子撫松圖[435]，是爲延賓處。欄下有池養鯉，投餌則潑然飛躍。沿欄而行，得一屋，曰東漚[436]，陳程光祿[437]位。渡橋得一樓，爲子女讀書處，楣間揭林少穆書。遊覽既終，啜茶辭去。因思世之稱幽泉怪石者，大抵遠在僻陬[438]寂寞之鄉。而此山房，介於闤闠繁華之區，占林泉之奇。郭氏不飾其門戶，而傾意庭園。不貯冗器，而多藏古書。聞其家數世多績學士，蓋亦宜哉。

吳懋昭評　勝槩[439]幽意，令人神往。

鄧祖庚評　徑曲而幽，筆曲而達，令人尋味不盡。

432 仇十洲（約1482-1559）：即仇英，明朝太倉（今屬江蘇）人，號實父，字十洲。畫匠出身，善臨摹唐宋畫作，為文徵明賞識。擅人物，尤工仕女，亦善花鳥設色、水墨、白描，均獨具風格。與沈周、文徵明、唐寅並稱為明朝四大家。

433 攲：音依，傾斜、偏斜。

434 湄：水邊、岸邊。

435 陶子撫松圖：為陶淵明撫松圖。是根據東晉詩人陶淵明《歸去來兮辭》而作，係主角陶淵明手撫孤松，傲然而立。

436 漚：音噢，指水中浮泡；或通鷗，水鳥名。若音為歐，指水泡，也可比喻微小空幻。

437 程光祿：即程師孟，參前註。

438 陬：音鄒，指角落、偏遠處。

439 槩：古同「概」、「溉」，又通「慨」，分別有感慨、洗滌之意。勝概指美景、美好的境界。

83. 白水園觀梅記

烏峰[440]之南麓，有園曰白水園[441]，爲劉氏[442]之別墅。園中有瑞泉，多梅樹，亦榕城之一勝區也。友人橋本某甫[443]寓焉。花晨月夕，必往訪之，常悉其勝致。園廣袤數百弓，梅樹數十株，鐵幹槎枒[444]，如交劍戟。雜植芭蕉棕竹，錯落有姿態。穿梅林而行，有井甃巖足，湛然如鑑。酌而試之甘洌，稱城中第一泉。昇磴得一屋，循山曲構。復經屋後六稜亭[445]，左旋而登，得一坪，石欄環匝，如露臺，置桌椅爲遊息處，老梅蔽之。其頂有奎光閣，祀劉氏之祖。臨此處憑眺城市，田塍歷歷可指數，俯瞰則園中梅花白者漸謝，而紅者正盛簇。乎如漲紅霞，花瓣飄風繽紛墜井中。一婢酌水，落英[446]浮出，煮茗爲歡，繼以酒果。某甫[447]有寧馨兒[448]，昨春生於此園，渾然如玉，嬉然以笑。一僕進鼓琴，鏘鏘[449]可聽，又有一人和之，大破遠客索莫[450]之

440 烏峰：應為福州市區的烏山，又稱烏石山。唐天寶八年（749）敕名為閩山。宋熙甯初郡守程師孟登山攬勝，認為此山可與道家蓬萊、方丈、瀛洲相比，便改其名為道山。該山怪石嶙峋，林壑幽勝，有「蓬萊仙境」的美稱。

441 白水園：中國有許多白水地名，今日福州還有白水鎮。而白水亦是朱熹老師劉勉之的稱謂——白水先生。此外。白水亦有泉字義。

442 劉氏：疑指劉在朝（1587-1645）。參前註。

443 橋本某甫：即橋本矯堂，與佐倉孫三同為漢學家三島毅（三島中洲）門下。佐倉孫三的《臺風雜記》，橋本是評註者之一。

444 槎枒：音茶牙，樹木枝杈歧出，形容參差錯雜。

445 六稜亭：即六角亭。

446 落英：落花。

447 甫：男子的美稱。

448 寧馨兒：寧馨以美好義，用以稱讚他人孩子俊秀美好。

449 鏘鏘：音腔腔，形容金石撞擊發出的洪亮清越聲，或指（美好的）樂聲。

450 索莫：亦作索漠、索寞，有荒涼蕭索、寂寞無聊、失意消沉、冷落淡漠貌等意。

情。余因謂某甫曰，余之辱[451]交誼，實在二十有三四年之前。當時年少志銳，往往脫軌範。既而君出爲武弁，余爲文吏後。君漫遊此邦，余亦入臺灣，不相逢者亦八九年矣。今也邂逅於茲土，日夕會晤，交如昔日。由是觀之，人之離合集散不可豫測。其能披瀝[452]相語，傾酒巵[453]相樂者，果幾時耶。而今各保天稟[454]之健康，玩異鄉之煙景[455]，是亦可謂至幸矣。獨聞北海風雲日急[456]，雄心飛動不可抑壓，因又相俱[457]引觴，陶然而醉。猶覺琴聲，漸成激越之音耳。

鄧祖庚評　文以韻勝，末幅大有寄托，不徒作遊記觀也。

吳懋昭評　每作後幅，輒[458]勝於前。此著末段氣韻入古，結語尤有致。

---

451 辱：謙辭，有承蒙之意。

452 披瀝：開誠相見、暢所欲言。

453 酒巵：巵音支，古代酒器，盛酒的器皿。

454 天稟：天生的資質。

455 煙景：像煙雲變幻的良辰美景。

456 北海風雲：疑指1904年春開始的日俄戰爭。該戰爭是俄國和日本為爭奪在朝鮮半島和東三省（滿洲）的權益而發起，以海戰為主，戰場亦擴及清朝的東北陸地。

457 俱：偕、同、一起。

458 輒：每、總是。

84.芭蕉記

余居學堂北隅，境清而幽。室之前後有芭蕉數十株，係僚友瀧澤君[459]所手植。閱年[460]僅二，已鬱然成林。余愛之，常盤桓其下。憶我邦所產者，莖闊不出二尺，高只六七尺，花亦隔數年而開，至冬則萎。此邦地煖，根莖合抱高約二十尺，每歲開花。頂垂大蕾，形如蓮華。實五稜，而青翠勻[461]潤，味亦甘美。株傍生小苗，繁衍甚速。值初夏時，新芽爭長，形如卷筒，漸長漸開。如羌笛[462]，如鳳尾，終則如蓋，如舟。左右開展，蔽遮天日。雨中則剌剌成聲，滴瀝如銅壺漏[463]。其老葉爲風所裂，毿摻[464]然。又如馬鬣，姿態橫生。當夫晚涼天氣，淨掃庭除，移榻其下，傾壺待月。少焉，玉兔躍於林梢，婆娑軒[465]舞。葉葉皆放光明，映我襟袖。此時，吟興勃勃，陶然自娛。抑聞之，昔者石丈山[466]酷愛竹，晨夕頻以手帕拭其竿。或有戲以小刀

---

459 瀧澤：疑指瀧澤賢四郎，曾任宮城縣師範學校大教習。

460 閱年：到了第二年。

461 勻：平均的。

462 羌笛：樂器名。古時流行於塞外的一種笛子，長約四十餘公分，最初為四音孔，後改為五音孔，可獨奏或伴奏。因源出於少數民族羌族，故稱為羌笛。

463 壺漏：指漏壺，為水鐘的一種，又稱銅壺滴漏、銅水滴漏。是一種古代的計時器，常用青銅為材料製作。

464 毿摻：毿音三，是毛髮細長貌，或指毛羽散垂，後引喻為花瓣紛披貌。摻音攙，可指混合、雜入，形容纖細貌，也可指離別。毿摻於此處應是形容葉子被風吹裂成細長分散，但又不忍離去貌。

465 軒：高飛。

466 石丈山：疑指日本江户時代的漢詩代表石川丈山（1583-1672）。本名重之、字孫助，後改名凹，字丈山，別號六六山人。精通儒學、書道、茶道、庭園設計。在京都建詩仙堂居住。

刻剜[467]竹皮者，則大怒曰，吾無妻子，即以此竹爲妻子，今有人刺傷之，是胡可忍也，乃起以眉尖刀擬[468]之。嗚呼，是雖似狂然，愛之深嗜之至者，亦實有如此情景也。因憶余輩，客居終年。坐臥於其間，既無家室團欒之樂，又無友朋談笑之歡。僅有此物稍慰羈旅，乃知丈山之言不徒然也。書以謝瀧君種植之勞，併切戒小僮勿肆蹂躪云。

鄧筱仙曰，奇情中肯，妙語解頤[469]。

[467] 剜：音灣，用刀挖取。

[468] 擬：比照、比劃、摹擬、仿效。

[469] 解頤：頤指下巴，解頤指笑的下巴脱落，形容人開懷而笑。

85. 遊閩江記

閩之爲州，山高谷深，通路甚嶮，唯一水貫流中央，不乏舟楫之利。而沿岸之風光，可觀者亦多。僚友瀧澤君性好山水，近郊勝槩莫不探討，爲吾說之甚詳，余艷羨日久而未果。今四月旬日，乃與瀧澤、巖切兩君往遊焉。乘輿出西關，右折有湖，曰西湖。湖中嶼曰開化寺[470]，左有邱巒、老松，秀焉，危樓峙焉，絕于塵壒[471]之表，因下輿，步出江之右岸。岸上龍茘、橄欖諸樹，鬱然成林，聞一歲之利不下萬金云。江流清且浩，其最廣者目無極。舟楫上下其間，舟形平而長，逢急湍則以纜曳之，安流則揚帆，其狀如圖畫。行半里許，到螺女江[472]，僦[473]二舟載輿而行。有二婦揮棹[474]輕快，氣凌丈夫，可謂奇矣。岸上得一邨[475]，邨端有寺，石人相對，高各丈五尺。一儒服，一武裝，其側有二石馬，刻亦奇古。聞明時，顯達墓道大抵置此物，名曰翁仲[476]。村之西方，有奇巖陡出於江中，自是水分爲二。右沿省城而走海，左繞南臺之陰然。右者急而曲，左者緩而浩，白砂遠連，渺乎不辨涯際。舟楫往來如浮鷗，眞爲絕勝。岸畔有老榕，枝垂蔽水，

470 據傳開化寺原是明朝謝廷柱私宅，明嘉靖年間知府汪文盛捐資重建。現存建築則為清康熙年間總督金世榮重建。開化寺位開化嶼中央，有正殿、禪堂、鐘鼓樓、客寮、方丈居。寺內昔有十八娘茘枝頗負盛名。宋蔡襄〈茘枝譜〉：「俚傳閩王有女第十八，好啖此品，因此得名。」

471 塵壒：壒音愛，塵壒指飛揚的灰土。亦喻指塵世、塵俗。

472 螺女江：也稱螺江，位福建省福州市內。

473 僦：音就，租賃。

474 棹：音罩，船槳。同櫂。

475 邨：音義同村。

476 翁仲：古代稱銅像、石像，後專稱墓前石人。

涼氣迫肌，乃坐其下。傾壺觴時，有漁夫擔籠而過。探視之，蜆[477]也。因購之，納於輿中。此日日光微，無風無雨，最適於遊。而異禽囀[478]樹，大魚躍淵，此樂更有出於望外者，於是沿江而下。至金山寺[479]，寺在江中奇巖之上，形如蜃樓浮動于白雲飄渺之間，大有似我邦不忍他天女祠[480]之風趣。有一老僧守之，形如槁木。蓋閩人急於植利，而不顧佛寺，故僧多貧也。左折踰[481]一山，出洪山橋[482]側，橋長二千尺，高二丈許，以花崗石築之，石欄刻獅壯麗可喜。渡橋經田野中，多養鸎粟花[483]，皆單瓣紅白相雜，瀟洒可愛。土人以刀刺其殼，採其液，余一見悚然。夫鸎粟液者，藥籠中不可少之物也，而清人所用全與相反，此余之所以悲耳。此間農人，或食糖蔗，或培蔬菜，營

[477] 蜆：音顯，動物名，似小蛤蜊，介殼為二等邊三角形，表面有輪紋，色外褐內紫。肉可食，介殼磨粉可入藥。生活在淡水中。或稱為扁螺。

[478] 囀：鳥鳴。

[479] 金山寺：位福州西郊洪塘村附近烏龍江上。宋朝建，是福州唯一的水中寺。金山寺原是江心的小石阜，後來人們在其上蓋起一座七層八級的實心塔，高約7米，花崗石砌成。後又在塔周圍建成殿堂。因地形受限，寺院沒有巍峨的殿閣和巨大的佛像，但却小巧玲瓏，並有洪塘古渡、石倉秋烟、妙高鐘聲、半洲漁火、雲程石塔、水邑風帆、環峰夜月、旗麓斜陽八景。因為其形狀如石印浮於水面，有如江南鎮江之金山，故曰小金山。

[480] 不忍他天女祠：疑為不忍池天女祠之誤，位在東京上野公園內。

[481] 踰：通逾、越過、經過。

[482] 洪山橋：位福建省福州市西郊洪山鎮，跨越閩江北港兩岸，連接鼓樓區和倉山兩區。清多次修葺改建。清乾隆三十七年（1770），將全橋改用大石疊砌，橋上兩邊設石欄杆，耗時三年完成。橋全長394.5公尺，橋面寬3.8公尺。

[483] 鸎粟花：應指罌粟花。罌粟是二年生草本植物名，夏季開花，花蕾向下，花柄很長，花朵大，有紅、紫、白等色。實為蒴果，狀似瓶，種子如粟粒；未熟時中有白漿，為製鴉片的原料。或稱為罌子粟。

營栖栖[484]，爲日不足，可謂勤勞矣。歸寓羮[485]蜆，會諸友，又傾杯共樂，既而[486]怦怦[487]。若有動于中[488]者，以爲余輩在南方和平之地，時試遊觀，可謂幸矣。而北地戰雲濛濛，礮轟肉飛，是何境遇之相反也。一念及此，又覺飲啖皆不知味。想我師[489]之奏膚功、[490]告大捷，果何日邪。中宵[491]就寢，夢魂屢驚。

鄧祖庚曰 先生作文，每於結處，有國家思想，橫槊賦詩[492]，慨[493]當以慷[494]。此記當不徒作紀遊觀也。

484 營營栖栖：營、栖各指謀求、不安貌。

485 羮：用蒸煮等方法烹調食物。

486 既而：時間連詞。用在全句或下半句的句頭，表示上文所發生的情況或動作後不久。

487 怦：心跳聲。亦有忠誠的象徵。

488 中：音義同衷。

489 我師：我方的軍隊。依前述，本文寫於1904年，正是日俄戰爭之年。該戰爭自1904年2月持續到1905年9月。最後日本雖然勝利，但付出非常慘痛的國力和民生代價。

490 奏膚功：典出《詩經》〈小雅〉之「以奏膚公」，或成語「克奏膚功」。公，同功字，膚功為大功；克，能夠；奏，成。全句指能向君王報告已完成大功。

491 中宵：半夜。亦稱為中夜。

492 橫槊賦詩：橫著長矛而賦詩。指能文能武的英雄豪邁氣概。

493 慨：悲嘆、感傷。

494 慷：同慨，悲嘆、感傷。

附　錄

在福州偶成[1]

涉濤履閩嶠[2]。彈指六星霜[3]。嗟[4]吾落宕[5]身。碌々無短長[6]。行年近知命[7]。鬢髮忽已蒼。軒冕[8]付白雲。意氣猶翺翔。登臺偶說法。天花滿庭芳。生徒多濟々。校舍新輝煌。蕉窗寒燈下。讀書聲瑯々。夜靜鳥鵲棲。池暖魚鼈藏。且喜酒價廉。花底好壺觴。陶然興勃發。抗心希古[9]狂。學書羨右軍[10]。擊劍嗤[11]項王[12]。值此歲時新。高詠樂羲皇[13]。

1　本文出自《達山文稿》，頁310。

2　閩嶠：閩為福建省別稱，嶠為山道，故閩嶠意指福建境內的山地。

3　佐倉孫三自1903年10月至1909年3月，旅居福州，前後共五年多。

4　嗟：音階，表示感傷、哀痛的語氣。

5　宕：音義通蕩，指拖延、延遲；行為放蕩不受拘束。

6　短長：短與長、優劣；意外災禍或死亡。

7　知命：即知天命、知道天命。語出孔子「五十而知天命」。佐倉孫三生於1861年，因此，1909年是他四十九歲，接近五十歲的知命之年，再參見後句：值此歲時新，可見此詩應是作於1909年年初，也就是他離閩之前沒多久完成的詩作。

8　軒冕：古時大夫以上官員的車乘和冕服，因此也借指官位爵祿、顯貴或當官的人。

9　抗心希古：心志高尚、以古人自相期許。

10　右軍：即王羲之（303-361），字逸少，瑯琊臨沂人，東晉人，擅書法。曾任右將軍、會稽內史，又稱王右軍。

11　嗤：音吃，譏笑。

12　項王：即項羽，下相人，反秦起義名士。項氏世世為楚將，封於項，故姓項氏。

13　羲皇：即伏羲氏，傳說曾教民結網、從事漁獵、製八卦。後人以羲皇或羲皇上人（伏羲以前的人）指清閒自適的生活。

遊黃檗山記[14]

我國佛法界有數種宗泒[15]，曰天台，曰眞言，曰法華，曰日蓮，曰淨土，曰眞宗，曰華嚴，曰禪宗。禪宗中亦有曹洞、臨濟、黃檗等數派。而其所謂黃檗派者，以隱元和尙爲開祖。和尙諱隆綺，清國福建省福清縣黃檗山萬福寺住持。明永曆八年遊我邦，爲小笠原侯所聘，後開宇治黃檗山，終寂于此地，年八十有二，實我靈元天皇延寶元年[16]也。當時從遊弟子木庵、即非等皆有學識，掛錫[17]布教，世共稱曰隱木即，其筆蹟今猶多存。余前年詣長崎崇福寺[18]，寺係即非和尙開山，俗曰支那寺。老僧囑余曰，子在福州，盍一遊黃檗山以報其消息耶。余一諾而去，爾來荏苒[19]未果之。今茲丁未[20]八月十七日，偶會律師相澤君，以事往福清縣，勸余以同遊。乃隨通譯[21]邱生，自萬壽橋坐輪船而發，乘客百餘名，大抵雜賈[22]傖夫[23]，談笑喧然，令

---

14 本文出自《達山文稿》，頁216-222。

15 泒：音孤。宗孤有源頭、（族譜）分支之意。

16 延寶元年：西元1673年。

17 掛錫：禪林用語。與掛搭同義。又稱留錫，即懸掛錫杖之意。昔雲水僧行腳時必攜帶錫杖，若入叢林，得允許安居時，則掛錫杖於壁上之鉤，以表示止住寺內。掛錫一語，現特指禪僧至修行道場之住宿。又任一寺之住持，亦稱掛錫。

18 長崎崇福寺：明朝末期隱元和尚弟子即非如一在此建寺，因來自福州而命名。屬黃檗宗。寺門有朱紅色龍宮門，建物也以紅色為主；廟宇內的所有佛像、佛具皆來自中國著名匠師之手。其與興福寺和福濟寺並列為長崎三福寺。

19 荏苒：形容時光漸漸的流逝。

20 丁未年：西元1907年。

21 通譯：日語，翻譯兩方語言使其相通。亦指稱通曉多種語言文字，能作口頭翻譯的人。

22 賈：做生意的人、商人。

23 傖夫：粗鄙平凡的人。

增苦熱。唯兩岸之峯巒迎舟送凉颷[24]，胸襟爲之爽然。比到馬江[25]，客半減，既而轉舷[26]入一渠，荻蘆叢生，成一運河狀。到坑田庄，下舩喫麵醫饑。經東渡白蟬等諸庄，有一山關，題曰干城[27]三邑，蓋此處係侯官、長樂、福清三縣之境界，置保甲局以鎮之。四顧山形皆奇秀，青松點綴，白鷺黃牛戲其下，眞如畫圖。唯天久旱，田圃皆龜裂，農夫操龍骨車[28]灌漑，吃吃之聲遠響。到草樓庄，日漸暮，即投一旅舍，就屋後之溪流，洗一日之苦汗。命僕賒[29]酒，酒以薯釀之，薄如水。室亦暗淡卑濕。藺蓆爲衽，竹筒爲枕。既而蚊軍來襲，不能成眠，乃移榻於路上，横臥待曉。支那旅行之苦大概如此矣。翌十八日，僦[30]轎而發，轎以竹竿搆之，極輕便。有一山曰石湖嶺，嶺上有古禪房，曰白雲寺[31]，相傳昔畫伯唐伯虎遊此，作明月圖。山對南海，眺矚極闊。山下有一村曰作坊，有陳氏家，石壁巍然，丹堊遠連，一見似城郭，此間素封[32]云。午牌到福清城，城外有橋，曰

---

24 颷：古同「飆」。《説文》解釋為扶搖風，《玉篇》釋之為暴風。若為涼颷，指秋風。

25 馬江：城市名。在福建省閩侯縣東南鼓山下，為軍港之一，本名為馬瀆江。清光緒十年中法之戰，兩方海軍於此交戰，互有勝負，世稱為馬江之役。或稱為馬頭江、馬尾、馬尾港。

26 舩：音義同船。

27 干城：干，通「扞」，扞衛之意。干城，即防禦城牆。

28 龍骨車：一種木製的水車，用以激水灌溉田地。可利用人力、畜力、風力轉動汲水，架水槽由許多汲水的小箱子連接。由於相連很長，看起來像龍骨，故稱。

29 賒：買賣貨物時先記帳，而後延期付款或收款。

30 僦：音就，租賃。

31 白雲寺：福州瑯岐島上古剎。

32 素封：無官爵封邑而富比封君的人。

賜金橋，明葉向高[33]建。自記云，使吾鄉之人，凡往來於此者，咸知此橋之成，為明主之賜，盖倣疏廣[34]之意云。投客棧三山館，館者城中屈指之旅館，有寢臺[35]，有蚊帳，比前者稍優。然猶枕席之間，有臭蟲[36]螫人。此蟲黑身多足，大如米粒，邦人稱曰南京蟲[37]，被咬者往往發餘病。相澤君貯藏奇藥[38]，撒布以防之，是因君多年旅行經驗也。翌十九日，早起步城壁。城抱山繞水，民戶三千，亦一方之雄鎮也。城南有山，曰玉融[39]，有高塔巍然聳於雲外，係唐朝建築[40]，宏

33 葉向高（1559-1627）：為明代宰相，福州福清人；字進卿，號臺山、紫云黃蘗山人。明萬曆十一年（1583）進士。累官禮部尚書，兼東閣大學士。明萬曆三十五年（1607）拜相，後歷經萬曆、泰昌、天啓三朝，獨相十三載。他在整頓邊防和用人等方面均有良措，撤回遼東和福建稅監，給人民除害。約天啓四年（1624），因被閹黨誣指為東林黨魁而去官。七月返鄉，曾用熹宗賜贈的千兩白銀在家鄉建賜金橋。卒謚文忠，追贈太師，賜葬閩侯縣青口鎮東臺村戊辰山。書有《閩游集序》、《開山記》等著作。

34 疏廣：字仲翁，東海蘭陵（今山東巷山西南）人。西漢宣帝時官至太子太傅。回歸鄉里後，每日在家置辦酒宴，取歡娛樂，以盡餘生。後人乃以其散金置辦酒食，稱美善之告老餘年。

35 寢臺：日語，指床。

36 臭蟲（bedbug）：床蝨的俗稱，會寄生。

37 南京蟲：日語。稱南京，因是江户時代傳入日本的小蟲，以其稀少而名之（其他另如南京錠、南京豆等）。與南京此地名不一定有關。

38 奇藥：日本人在海外發展時屢受到南京蟲等等昆蟲困擾，因之研發許多專門的防治藥物。

39 玉融：玉融山的別名，在今福建福清市南。《方輿紀要》卷96：「玉融山在縣治南五里，以山石融潤而名。而福建福清縣因城南有玉融山，而別名融城。」

40 《福清縣志》載，清代以前，福清共有古塔6座，為水南塔、瑞雲塔、瑞峰塔、天峰塔、迎潮塔、鯉尾塔。現存的古塔最早是唐代建於靈石山內的俱胝和尚墓塔；其次為宋代的水南塔（龍山祝聖塔）、龍江橋塔、五龍橋塔、石竹山靈寶飛升塔。而福清內規模最大的古塔，為城區東南端、龍江北岸，號稱南天玉柱的瑞雲塔。該塔由

狀可驚。翌二十日，學生鄭學源以暑暇在家，聞余到，逆履來迎。晚間張宴會友，有一人短髮長袖，盛操我邦之語言。怪問之，曰此人前年遊東，修法律學，今因暑暇歸省云。歸途游花亭里葉氏[41]之舊園[42]。葉氏名向高，號臺山，明萬曆年間宰相也。其忠節炳然于史上，諡之曰葉文忠。有泉石之癖，勇退後募奇石異木，築此園。園廣袤不過數十弓，中央有巖，矗立丈五尺。頂有一老猿踞坐者，其下有無數小猿成攀緣狀，稱曰百猿巖。其餘如達摩，如摩姑[43]，如筆架，如籤筒，如蛇，如蝠，如蝦蟇[44]，如鯉魚者，或爲蘇武養羝[45]，

葉向高之子、符丞葉成學與知縣淩漢翀募捐鳩工，名匠李邦達負責設計施工，費時10年，於明萬曆四十三年（1615）竣工。本文所指之位於玉融上的唐代高塔，不確定作者所指。

41 葉氏：即葉向高。參前註。

42 舊園：指芙蓉園，位今日法海路花園弄，舊稱花園衕。此園原為宋朝陳氏芙蓉別館，後為明葉向高別墅、清龔易圖花園。毗連三座建築，坐北向南。園內原有兩座假山、兩口魚池、花亭雪洞、樓臺水榭、曲橋回廊，結構精闢。尤以後座假山布置出色，池上一峰直立，鐫有芙蓉臨空、鷺臂吟風、霞洞、桂枝、玉笋、松下等石刻。另有山石形似一人獨坐，稱達摩面壁，以及龜、蛇等，均有名稱。

43 摩姑：蘑菇的別名。

44 蝦蟇：日語，指蟾蜍。

45 蘇武養羝：羝音低，指羊。蘇武牧羊是漢使蘇武出使匈奴，因守節不變，被單于拘留，放逐至北海無人處牧羊十九年，雖掘鼠而食仍不屈降。後以之比喻堅貞的氣節。

或爲姜太公獨酌[46]，或爲巖屋[47]觀音。其側榕樟、梧桐、紅松[48]、水松[49]等，蔚然蔽之，而池水紺[50]碧如藍。相傳葉子逍遙此中，琴詩以養老云。今此園售以三萬元，歸藥商吳氏之有。翌二十一日，訪知縣周氏。周氏之姪周生，曾在武備學堂受業於余，勸余以一日濡滯[51]，余因開課在近辭去。僦轎而出西門，沿河而行，逢送一囚人而來者，繫以鐵鎖，五六勇丁護之，載轎而行，其狀如縛虎。雖未知其罪狀如何，一囚徒之護送猶如此，其多費可想耳。時日正中，熱氣鬱[52]騰不可堪耐，乃每得一樹蔭一水湄，停轎而憩。既而轎夫皆訴枵腹[53]，就一農舍求飯，皆揮手而不應。蓋此間極僻陬，未曾見外國人，故怪而避也。穿一松林，問樵夫以寺，曰踰一山涉一水，即寺也，乃皷[54]勇而進。一老樟之下有碑，曰黃檗山道，皆喜出於望外。自是路始坦

46 姜太公獨酌：姜太公是周初賢臣呂尚，字子牙，東海人。年老隱於釣，周文王出獵，遇於渭水之陽，相談甚歡，曰：「吾太公望子久矣」。因號太公望。載與俱歸，立為師。後佐武王克殷，封於齊，後世稱為姜太公。其名話為「太公釣魚，願者上鉤」，比喻心甘情願。而姜太公假釣魚當餌，目的是當官。唐人李白〈獨酌清溪江〉：「我攜一樽酒，獨上江祖石。自從天地開，更長幾千石。舉杯向天笑，天回日西照。永望坐此台，長垂嚴陵釣。寄語山中人，可與你同調。」

47 巖屋：巖仔本意是山洞，後來靠近山邊的廟多稱為巖仔。

48 紅松：常綠喬木，高可達40米。小枝有絨毛，葉子粗硬，5針一束，分布在溫冷帶地區。其木材輕軟、細緻、紋理直、耐酸性強，為優良用材，又是觀賞樹；種子（松子）可食。

49 水松：杉科，落葉喬木。不耐寒，耐水濕，常生於水邊濕地。

50 紺：音幹，微紅帶深青的。如紺青，形容深青含赤。

51 濡滯：停留。

52 鬱：音欲，指盛、充盈；滯積。

53 枵：即空意。有語謂枵腹從公。

54 皷：音義同鼓。

平，傍溪流負松山，幽邃之趣可掬。有一屋曰環翠亭，有石橋，勢穹隆，有文武石人相對峙。相傳葉文忠夜遊此處，見怪，因立石像壓之云。渡橋有一大朱門，揭勅賜金額。拾石磴數十級，有一殿題祝聖道場四大字，筆力扛鼎，即隱元和尚筆也。入客堂，通刺[55]請一覽，住持啓耀偶不在監，蓮如邁副寺增賢等，交[56]出迎供茶。寺係同治年間重建，未多經年所，毫無廢頽狀。有一堂曰獅子吼[57]，揭歷代住持之畫像。又有一堂祀葉文忠塑像，高五尺許，峨冠蟒袍，英氣颯爽[58]。有匾額自書律四篇，時近夕陽，字體難讀，乃待明日。又有一堂，題曰如來後身，乃隱祖[59]之塑像也。高四尺許，白皙清癯，眼光炯射，鬚髯毶然。一見知其偉容，雖未知何人作，其爲當時物可知也。寺內之觀覽略畢，出而登後山。有坪認殘礎，即舊寺之廢址也。有三十二代住持墓，此處眺矚最佳。僧指點曰，兩岳對峙者爲大帽小帽，其左右奇峯林立者爲十二峯，黃檗山者是總稱也。山上有飛瀑，有龍潭，頗富勝槩，奈日既入西山[60]，不能登攀，歸寺。更衣寬坐，僧侑[61]以晚餐，山筍野蔬味甚美，我邦所謂精進料理[62]者也。此日偶屬陰曆十三

---

55 通刺：刺為名片。通刺一指出示名片以求延見，二為通報傳遞來訪者的姓名或名片。

56 交：相接、接觸。

57 獅子吼：比喻佛說法時發出很大的聲音，震動世界。

58 颯爽：矯健強勁貌。

59 隱祖：指隱元和尚。

60 日既入西山：日落西山，太陽隱沒在西邊的山腳下。指黃昏的時候。

61 侑：音誘，勸人飲食。

62 精進料理：日語。指基於佛教戒律，避開殺生和「五葷」（大蒜，大蔥，韭菜，洋蔥，青蔥）食材所做的料理。

夜[63]，玉兔躍出于前峯，皎々[64]然照庭上，乃敷薦集僧相談語。有一僧說本山之緣起曰，本山創於梁代正幹禪師[65]，始名般若堂。唐白丈祖師[66]語其徒希運[67]曰，爾欲開山，當見苦則止，可受萬福。運[68]由淅菹[69]融，不憚[70]跋涉，相厥[71]山川。遙望峯巒十二[72]，樹木千重，就而視之，環山皆黃檗[73]也。運忽悟曰，師所謂見苦者，莫乃非此耶，用是掛錫焉。集僧徒，更寺宇，改般若名黃檗。間有奇松怪石，泉聲潭影，皆足娛人心目。其最勝莫若珠簾瀑布焉。唐宣宗嘗與運祖

63 陰曆十三夜：日語，指每月陰曆十三日之夜。其中若是陰曆九月十三日之夜，即是有次於八月十五夜的美月。但是，十三夜的月亮對古日本而言，帶有一點不祥之意，故當夜人民會將栗子或是毛豆供奉給月亮。十三夜的月亮因之又被稱為栗名月或是豆名月。

64 皎々：潔白、光明貌。

65 正幹禪師：梁末唐初，莆田人，吳姓，從六祖曹溪得法，歸至福州黃檗山，曰：「吾受記於師，逢苦即住，其在此乎！」遂即山建寺（唐朝貞元五年），是為黃檗初祖。其他本蹟參前註。

66 白丈祖師：指唐朝禪宗百丈懷海（約749-821），俗姓王，名懷海，福州長樂人。為馬祖道一門下，承繼洪州宗禪法。因居江西省奉新縣城（今江西宜春市奉新縣）西北百丈山巖，創建百丈寺（又稱鄉導庵），舉揚禪風，故人稱百丈懷海。黃檗希運、溈山靈祐等禪僧均雲集於此學習。懷海入寂後，敕謚大智禪師。

67 希運：唐朝僧人黃檗希運禪師，幼年出家高安黃檗山，後師百丈山懷海禪師，得其法，後居住於南昌大安寺，聚眾數千，宰相裴休也是他的弟子。

68 運：指希運禪師。

69 淅菹：指淅瀝，形容風雨、霜雪、落葉等聲音。

70 不憚：不怕、不畏懼。

71 厥：形容強悍。

72 可參考下文十二峰詩。

73 黃檗：指黃檗樹。木材紋理美觀，切面有光澤，材質堅韌，耐水濕及耐腐性強，不翹不裂，為軍工、傢具等優良用材；內皮可作染料及藥用；葉可提取芳香油；花是很好的蜜源；果實含有甘露醇及不揮發的油分，可供工業及醫藥用。

師觀瀑，有詠云，溪澗豈能留得住，終歸大海作波濤。師愕然[74]曰，此帝王之概也。歸登大寶[75]，從此名公巨卿，賢人學士，游詠其間者不絕，皆有記游焉。及明遭倭矮燒燬，萬曆年間，鑑源禪師[76]經殿試[77]，以背誦貝葉[78]心空及第，蒙勅賜藏經[79]。專派宦官，賚[80]送經文三千函，白金三百兩。又經邑人[81]葉相國[82]等倡建，法堂以爲集僧供佛之所，延請隱元琦大和尚，親赴日本募化，復建大雄寶殿爲祝聖。道場及東西方丈[83]，僧寮并鐘樓，不下二百餘間。於十二峯下，更建十二靜室[84]，以衛[85]大寺域，誠一時壯觀焉。奈道光間，復遭回祿[86]，僧徒星散[87]，寺產較前十無二三。又有一僧說隱祖之靈德曰，師諱隆琦，號隱元，本縣靈得里東林氏季子也。父在田，母龔氏。六歲，父

74 愕然：驚奇貌。

75 登大寶：大寶指皇帝寶位；故登大寶指登上皇帝寶座。

76 鑑源禪師：名鑑源興壽，隱元禪師即是在黃檗山受鑒源禪師剃度為僧。

77 殿試：科舉制度中最高一級的考試，由皇帝親自在大殿中主持。

78 貝葉：貝多樹的樹葉。古印度人將佛經書寫於上，日後稱佛經為貝葉書。此處貝葉，即指佛經。

79 藏經：佛教經典的總稱。

80 賚：音賴，賞賜、賜予。

81 邑人：同邑的人。

82 葉相國：即葉向高（1559-1627），明萬曆三十五年拜相。

83 方丈：維摩詰居士居住的臥室一丈見方，但容量無限。禪宗取其意，以方丈指稱住持所居之室。

84 靜室：清靜的房間。亦用以指佛家中專供禪定的屋舍。

85 衛：保護、防守。

86 回祿：火神。後用以指火災。

87 星散：如星星散布天空，指四散、分散。

客於湘[88]未歸，自是家產日耗，難以攻讀。至九歲入學，十歲廢讀，遂漸學耕樵爲業。每靜夜，與二三友坐臥松下，仰觀天河運轉、星月流輝，誰繫誰主，躔度[89]不忒[90]，心甚惑焉[91]。此道理非佛仙難明，纔有慕佛之念。意雖未決，志在塵表[92]，無心於世，十數年未有所爲，頗多顛沛[93]。三十禮本山鑑源師落髮。有嘲者云，東林也有佛邪。師云，嘗聞佛性遍週法界，豈外東林耶。嘲者嘆妙。師學德既成，順治十一年[94]，日本國主請行化[95]彼處。番舶啓行，風浪大作。祖師書免參[96]二字帖[97]船首，大浪遂平。時有巨鱗[98]數萬護舩，出洋而散。舟夜抵其國。海外漁人咸見岸上紅光[99]亘[100]天，以爲失火，各操舩而來援。及將近，火光隱矣，始知祖師之瑞光發現也。遠州[101]信宦[102]嘗奉

88 湘：浙江。

89 躔度：躔音纏，指日月星辰在其軌道上運行。故躔度指日月星辰所行經的度數。

90 不忒：忒音特。不忒指不變、沒有差錯。

91 據云：隱元出生於福建省福州府福清縣萬安鄉靈得里東林，俗名林曾炳，是家中的第三子。5歲時，父親林德龍迫於生計離開家鄉，從此一去不返。9歲時，隱元曾進入鄉學學習，但翌年就因家貧綴學。此後看破紅塵，才漸接處修學佛法。

92 塵表：世俗之外。

93 顛沛：偃仆、傾倒。比喻人事挫折。

94 順治十一年：西元1654年，干支為甲午年。

95 行化：僧侶化緣。

96 免參：免除拜見。

97 帖：音tiè，文書，寫在紙、帛上的書信、詩、文等手書墨蹟。

98 鱗：魚類的總稱。

99 紅光：疑典出「紅光紫霧」，為紅色的光芒和紫色的霧氣。指為祥瑞的徵兆。

100 亘：音gèn，指空間和時間上延續不斷。

101 遠州：為日本境內的舊遠江国，約現在的静岡縣西部地區。

102 信宦：信為相信，宦為官吏，信宦即相信祖師的官吏。

祖師之手書觀音佛號，偶遭回祿，舍宅俱盡，獨祖筆蹟如故，特來禮覲。祖示以偈[103]，有眞名火不燒之句。雍正初年，日本大疫流行[104]，護祖眞蹟懸於中堂，則無恙。國主繪像於宮中供祀云云。說得甚詳，時更深，皆入房而臥。翌二十二日，早起讀葉相扁額，既經三百餘年，煤黑難辨識。執鏡照之，且讀且寫：

登陀頂有引

黃檗名山也，而寺久廢。余謝事日，適皇上念及海邦，遣中使[105]賚經來賜，余與親友重興新刹，為藏經祝聖之所。因同林大默、大範、盡夫、倬夫、輝夫、吳伯孚[106]、鄭淑熙來遊。是山之高，可數千仞[107]。其巔為大帽小帽二峰，有留雪嶂[108]、蟒洞、九淵[109]潭諸勝，而第一潭最奇，深碧無底，真龍所居，水簾瀑布，彷彿九鯉[110]。十年前曾與大默約登絕頂，蹉跎久之，茲乃冒暑而行。道甚崄[111]絕，攀木

103 偈：音記，佛教文學的詩歌，無韻。每偈由四句構成。

104 雍正初年，日本大疫流行：雍正朝為西元1723-1735年，此時日本約為江戶時代中期，曾發生痘瘡（天然痘、天花）、傷寒等疫病，肺結核、梅毒等也因國內外船隻間的通行而傳染。另享保十七年（1732）的享保大飢饉，各種疫病亦隨飢荒而起。

105 中使：內廷的使者，多指宦官。

106 吳伯孚：於葉向高的《閩游集序》中，載有〈同董崇相吳伯孚夜游靈岩〉詩。

107 千仞：古制八尺為一仞，千仞形容非常高。

108 嶂：音丈，形如屏風的山。

109 九淵：極深的水潭。

110 九鯉：九鯉湖位於今福建省莆田市仙遊縣，因相傳何氏九仙在此乘坐九條鯉魚羽化成仙而得名。

111 崄：音義同險。

緣蹬[112]，頗極艱辛。從者以為病[113]，而余以探奇不暇顧也。爰[114]成四律，用紀壯遊：

第一

琳宮[115]新敞古壇塲，貝葉琅函[116]出尚方[117]，
欲識禪心超色界，還憑帝力禮空王[118]，
龍潭倒影千巖碧，鳥衕[119]斜縈[120]一線長，
此地歸依[121]情不染，更於何處覓慈航[122]。

第二

第一名山勢鬱盤，登臨方覺海天寬，
丹崖[123]常積千年雪，陰洞還生六月寒，

112 蹬：階梯。
113 病：為其所苦；指責、不滿。
114 爰：於是。
115 琳宮：仙宮。亦為道觀、殿堂之美稱。
116 琅函：意思一為書匣的美稱，二可指道書。此處為與「貝葉」的佛經相對稱，應為道書之意。
117 尚方：職官名，掌管製造帝王御用的器物。秦置尚方令，漢沿置；唐省去方字，設中、左、右三尚署。明廢。
118 空王：佛名，又作空王佛，乃空劫時期出現之佛；空劫之前則萬物未發生，故禪林中每以「空王以前」一語表示超越人類生命意識之境界。《圓覺經》載，佛為萬法之王，故稱空王。《法華經》並載，世尊與阿難曾經一起在空王佛所發心學道。
119 衕：小巷道。
120 縈：圍繞、旋繞之意。
121 歸依：向可依怙的對象歸趨投靠。亦是佛教用語。指一個人為了成佛或解脫煩惱，願將自己奉獻給佛、法、僧三寶，並以三寶作人生的依怙。
122 慈航：佛教語。謂佛、菩薩以慈悲之心度人，如航船濟眾，使人脫離生死苦海。
123 丹崖：紅土崖，或形容赤壁的山。

自製釋[124]冠來野外，共扶竹杖上雲端，

茫茫塵世何須問，萬仞峯頭一笑看。

第三

絕巘[125]登來路未窮，翛[126]然兩腋起天風，

山形大小皆成帽，石勢高低盡插空，

瀑水亂侵人面濕，巖花交映客衣紅，

勝遊喜值昇平[127]日，烽火休傳大海東。

第四

層巒高處晝常陰，此日雲開見遠岑[128]，

杖底芙蓉峰九疊[129]，崖邊石蕊[130]壁千仞，

苔封洞府[131]蹤難覔[132]，山壓樓臺勢欲沈，

不是老來偏好事[133]，攀躋[134]已負十年心。

邑人葉向高

[124] 釋：泛稱佛教；或形容放開、脱下。

[125] 巘：音掩，指險峻、險惡。

[126] 翛：音消，飛羽聲。

[127] 昇平：或為升平，指太平。

[128] 岑：音cén，山小而高貌。

[129] 九疊：典出「屏風九疊」，形容山峰重疊相連，形狀猶如屏風一般。

[130] 石蕊：一種苔草，為山石山地長時間受煙霧薰染所結成的苔衣。體呈木狀，分生多數小枝，色灰白或淡黃。早春青翠，端開四葉。子器小，呈褐色。

[131] 洞府：神話傳説中的神仙居所。

[132] 覔：音義同覓。

[133] 好事：喜歡多事、興造事端；熱心助人；有某種愛好。

[134] 攀躋：音攀基，指用手抓住東西往上爬。亦作攀登。

其他題詩可觀者尚多，錄其二三以補文闕：

遊黃檗　　劉以修

嶙峋[135]十二[136]削芙蓉，公暇纔聞到寺鐘，
石乳[137]噴沫香玉液，瀑花飛雪掛蒼松，
一尋古洞驚神蟒，僧過澄潭制毒龍，
滿眼春光何處望，青青[138]遙送海天洋。

次葉文忠公韻

敢謂心安即道場[139]，救時空切乏良方，
不參何子[140]依禪子[141]，為念君王叩法王[142]，
風度曲江人未遠，謀猷[143]磐石計應長，
誰知此日新亭淚[144]，灑向涼飇到海航。

---

135 嶙峋：山石奇兀聳峭貌。

136 十二：指十二峰。

137 石乳：茶名。宋顧文薦《負暄雜錄・建茶品第》：「又一種茶，聚生石崖，枝葉尤茂。至道初，有詔造之，別號石乳。」《宋史・食貨志下五》：「茶有二類，曰片茶，曰散茶。片茶蒸造……有龍、鳳、石乳、白乳之類十二等。」石乳茶產於福建建寧府，為宋代貢茶。片茶的一種。

138 青青：草木茂盛貌，或指草木翠綠的顏色。

139 道場：宣揚佛法、修煉道行的場所。

140 何子：疑指漢武帝時，在福州烏石山煉丹，而後成仙道的何氏九兄弟。

141 禪子：信佛者；僧侶。

142 法王：佛陀。舊稱佛為法王。

143 謀猷：計畫、謀劃。

144 新亭淚：比喻感時憂國。典出「新亭對泣」。本指東晉南渡名士王導等，於新亭飲宴，舉目望見山河，而感慨國土淪亡，相與對泣之事。後比喻懷念故國或感時憂國

十二峯詩

第一 寶峰

白石粼粼[145]若寶珍，有時月映認為真，

許多雲樹山頭列，都作瓊瑤[146]共雜陳。

第二 屏峰

層巒羅列一屏風，想是山靈展布功，

花鳥煙霞圖畫譜，揮毫彈指漫言工。

第三 紫薇

山容彷佛紫薇垣[147]，熠[148]耀光分不二門[149]，

四面眾星皆拱北，江雲一朵捧長存。

第四 獅子

宜若文珠[150]馭駕然，石形宛轉勢蹁躚[151]，

一輪月作金球戲，怒吼濤聲欲震天。

的悲憤心情。

145 粼粼：指粼粼，形容水石明淨。

146 瓊瑤：意思甚多，包括1.美玉。 2.喻美好的詩文。 3.喻雪。 4.猶玉顏。 5.指仙宮。 6.海南島之美稱。此次所指應為瓊瑤玉宇之意，意指仙宮。

147 紫薇垣：紫微星，即北極星，可為全部星曜的首領和代表。

148 熠：音易，光耀、鮮明貌。

149 不二門：唯一的方法。亦作不二法門。

150 文珠：疑指文殊，佛教菩薩名。在中國，他和觀音、地藏、普賢並稱四大菩薩。其外形為頂結五髻、手持慧劍，騎乘獅子。比喻以智慧利劍斬斷煩惱，以獅吼威風震懾魔怨。

151 蹁躚：音胼先，儀態曼妙或旋舞貌。

第五 香爐

檗嶠[152]依然作博山[153]，天工鑄就一爐圜，

雲煙起處疑香篆[154]，鼎峙[155]珠林[156]佛座間。

第六 佛座

天地形容九品蓮[157]，莊嚴寶相位千年，

山中是亦迦陵[158]也，座對香爐不斷烟。

第七 羅漢

五百[159]之中一比丘，乾坤[160]彫塑踞山陬[161]，

峰巒屈曲跏趺[162]態，雲作袈裟着也不。

---

152 嶠：音叫，高而尖的山。

153 博山：博山爐的簡稱。博山爐是一種蓋子為山巒形的燻香爐，因彷佛如傳說中象徵海上仙山的「博山」而得名。博山爐於西漢中期在廣州地區首先出現，多為銅鑄。其蓋上的山形重疊起伏，常在山巒雲氣之間雕飾飛禽走獸。山間有孔，當香料在爐內燃燒時，煙氣可從孔中散出，形成煙霧繚繞，如同仙境的感覺。爐座為盤形，有的可以盛水，以助蒸香氣。

154 香篆：篆文狀的盤香。因香煙裊裊，有如篆字的形狀。點燃可用來計測時間。

155 鼎峙：比喻為三方如鼎足般對立。

156 珠林：書名。唐道世編之佛教典籍一佛教類書，約一百卷。篇前大都有作者述意，再博引經、律、論，篇末或部末有感應緣，廣引故事傳說以證明不妄。除佛經外還引用許多資料，保留許多早已亡佚的古代文獻。

157 九品蓮：佛教西方極樂淨土中的九品蓮台，指化生境界。

158 迦陵：為「迦陵頻伽」，指佛教中的一種神鳥。「迦陵」意思是美、妙，「頻伽」是音聲，兩者合起，意即「美聲鳥」「妙音鳥」。

159 五百：古代軍隊以五人為伍，一伍之長稱為五百。亦稱為伍伯、伍長。

160 乾坤：本是易經上的兩個卦名，後借稱天地、陰陽、男女、夫婦、日月等。

161 陬：音鄒，角落或山陬指山腳。

162 跏趺：跏為行走時腳向內拐；跏趺則指雙盤式的打坐法。

第八 鉢盂[163]

碧嶂[164]團圓號寶盂，幾疑羅漢手中扶，

莫言難向龍泉[165]滌，箇裏生蓮果有無。

第九 天柱

一柱擎天萬仞梯，白雲紅日共高低，

誰云立柱皆鼇足[166]，除却崑崙[167]孰與齊。

第十 五雲

五雲爛熳覆高岡，彩映山門[168]兆吉祥，

極目東來皆紫氣[169]，氤氳[170]篆[171]作一爐香。

---

163 鉢盂：鉢為洗滌或盛放東西的陶制的器具，盂為盛液體的器皿。鉢盂則專指僧人的食器，亦指傳法之器。

164 碧嶂：青綠色如屏障的山峰。

165 龍泉：地名，位今中國浙江省麗水市，有典「龍泉寶劍」。相傳春秋戰國時代著名煉劍大師歐冶子到浙江龍泉時，發現秦溪山下有一泓湖水，甘寒清洌，湖邊有七口井，恰似天空北斗星座，故用附近山中鐵英，在湖邊鑄成龍淵、泰阿雌雄寶劍，劍成後竟雙雙飛去。從此，該鑄劍地被改名為龍淵。唐時因避高祖李淵諱，改為龍泉。

166 鼇足：鼇音熬。傳説女媧煉五色石以補蒼天（天柱），斷鼇（四）足以立四極。之後器物因之多做成龜足形狀的底腳。

167 崑崙：亦作「昆侖」，指昆侖山。其位在新疆西藏間，西接帕米爾高原，東入青海境內，勢極高峻。

168 山門：寺院的大門。

169 紫氣：紫色雲氣，或為寶物的光氣，古人以為祥瑞，後附會為帝王、聖賢等出現的預兆。

170 氤氳：一指陰陽二氣互相作用的狀態，二為濃重、瀰漫的樣子。亦可形容香氣不絕。

171 篆：刻鏤、銘刻。

第十一 報雨

高凌碧漢[172]勢巍巍，報雨幾同石燕[173]飛，
一片雲橫消息到，預知頃刻必霏霏[174]。

第十二 吉祥

吉祥山色翠重重，六六峯中一玉蓉，
紫氣千年增絢彩，瑞符萬福振禪宗。

觀龍潭　　木庵瑫[175]

午後風清澹[176]翠微[177]，溪山何處不幽奇，
嵯峨[178]雨徑苔痕滑，嶮峻藤崖日影遲，
萬丈寒潭藏碧落，一條瀑布散瓊枝[179]，
引他無限奇男子，來去紛紛着眼窺。

---

172 碧漢：碧天、河漢的合稱。指天空。

173 石燕：為古生代腕足類石燕子科動物的化石，因形如飛燕而得名。雨與石燕的關聯，起自晉代顧愷之《啓矇記》「零陵郡有石燕，得風雨則飛如真燕。」北魏酈道元《水經注》也有記：「石燕山（在今湖南祁陽）有石紺而狀燕，因以名山。其石或大或小，若母子焉。及雷雨相薄，則石燕群飛，頡頏如真燕矣！」

174 霏霏：雨或雪多而不斷貌。

175 木庵瑫：指木庵性瑫（1611-1684）。

176 澹：音淡，恬靜、安然貌。

177 翠微：山旁彎曲不平處；淡青色的山嵐。

178 嵯：音cúo，指山貌，或山高峻。嵯峨可指高聳的山，或可形容屹立、坎坷不平、盛多之貌。

179 瓊枝：一指傳說中的玉樹，也可比喻嘉樹美卉。

羅漢　　即非

寸絲不掛若痴憨，三界[180]翻為一小庵，
坐久那知天地老，禪心竟日照寒潭。

探尋之事既畢，臨別寄以拙著一卷，布施數金。僧曰，貴君遠來，感激之至，祖師若有知，則必喜矣。茲有一物，係祖師平生所用，襲藏至今日，今敢傳貴君爲紀念，請勿斥焉。披[181]而視之，即袈裟也，余壁謝[182]之，不聽，乃受持而去。嗚呼，余與隱祖師，非有葭莩之親[183]，師承之義，唯一片迫[184]慕之念常熾今也。得親訪尋其遺蹟，酬素志，亦所謂宿世之因緣者非歟。時有一僧先導行，指點山河。到嶺上，有老松遮蔽炎日。乃踞樹根，執鏡[185]而望之，沿海島嶼歷歷入眼中。或曰，晴明之日可以望臺灣。少焉，僧告別。前余輩所隨一僕，未諳地理，苟無先導，則必迷岐路，賴有此僧，得捷徑達山巔，亦莫非彌陀之庇護邪，乃厚謝而別。正午到東廂街，有危塔相對峙。其間有奇一峯，勢甚峭拔，曰石竺山[186]。山上有羅漢臺、普陀

180 三界：指佛法中凡夫生死輪轉境界，包含欲界、色界和無色界。

181 披：打開、翻開。

182 璧謝：指退還贈禮，並謝厚意。亦作璧還、反璧。

183 葭莩：音加伏，為蘆葦內壁的薄膜。葭莩之親引申為關係疏遠的親戚。

184 迫：催促、強逼。

185 鏡：此指望遠鏡或眼鏡。

186 石竺山：指石竹山，在福州市福清縣。山上松竹繁茂，山上有一石竹寺，又稱九仙閣，唐大中元年（847）建。寺內有大雄寶殿、文昌閣、石佛宮、書院等建築，雕梁畫棟，金碧輝煌。據傳漢武帝時，在福州煉丹的何氏九兄弟，即在此處得道。石竹山有三十余處勝景，如天橋、仙人臺、一線天、飛來石等。其中飛來石曾被明朝徐霞客稱讚不已，寫入其游記。宋朝朱熹、明朝葉向高等亦在此寫下匾額和碑文。

巖、靈寶觀、半山亭、獅子亭、九仙閣諸景，遠近乞靈者甚多。余佇立而望之。邱生戲曰，先生亦欲禱靈夢耶。余應聲曰，余不須靈夢，但欲祈雨耳。時炎熱如燬[187]，池塘皆涸，農人憂色溢面，余之祈雨豈亦得已呼。乃憩一茅亭，待月而發。行程七里許，徹宵在轎上，頗覺睡。到扈嶼庄，上舩。左岸奇峯並峙，勢極巉絕。問之，曰五虎山[188]也。此山自省城望之如虎頭，如人鼻。朱子有句，到山不見山面目，但見九鼻盤溪曲。歸來兀坐[189]小窓下，倚天[190]百尺堆寒玉[191]。眞爲實景。舟人曰，山上有虎穴，難近邇。舩之入烏龍江處，一岡橫波，如巨人曲肱而臥，曰枕峰。此邊閩水滙合，澎湃如海洋。十一點鐘達萬壽橋下，到相澤君寓樓，試一睡而還舍歸家。嗟呼，此行僅費六日，所經亦不過七十餘里，而或觀地方民政之一班，或尋良相名僧之遺蹟，或探高山幽泉之勝槩，或試尺蠖[192]屈之腳力，所得亦不尠，古人好遊之意於是乎知矣。唯所掛念高僧之衣鉢，固非可私藏物，得其人

187 燬：音毀，指烈火；燃燒、焚毀。

188 五虎山：在福建省閩侯縣東南海中。當閩江之口、福州市南面的烏龍江南岸。因五峰排列如虎，遙望又似方桌，故名。別名內五虎山或方山。山中有靈源石、天柱峰、鯉魚石等景。峰頂平坦，相傳漢代仙人介琰曾隱居於此，有石床、石棋局、仙腳印等遺跡。朱熹曾攀越此山考察，在仙腳印處題刻「怡山良石」、「神仙所居」等字。

189 兀坐：獨自端坐不動。

190 倚天：靠在天上。形容高聳。

191 寒玉：玉質清冷，故稱玉為寒玉。比喻清冷雅潔之物。

192 蠖：音或，尺蠖（looper; inchworm）的簡稱，昆蟲名。尺蠖蛾的幼蟲生長在樹上，行動時身體會一屈一伸地前進。而「蠖屈」則形容像尺蠖一樣的屈曲之形，引申為人不得志時，屈身引退。

而傳之，果有何妙法。顧[193]長崎[194]之老僧[195]，今猶存否。乃記以備異日之談柄[196]云。

內田遠湖[197]評：敘事詳贍，足以補地誌及史傳之闕。

服部愛軒[198]評：愚嘗遊於宇治黃檗山，當時匆卒不暇叩[199]隱祖之事。今讀高文詳其來歷，感謝々々。

193 顧：回首、回頭看；看、張望。

194 長崎：位於日本九州西北端的半島。與中國大陸和朝鮮半島隔海相望，為日本與大陸交往的要衝之地。

195 這裏指的是前文提到的長崎崇福寺的老僧，先前作者佐倉先生曾往拜訪，此僧囑他探訪福州黃檗寺。

196 談柄：日語，指會話、談話、話題。

197 內田遠湖：即內田周平（1857-1944）。近代日本崎門學派的代表學者，以崎門派朱子學者聞名於世。他名周平，字仲準，靜岡濱松人。父親內田貞二乃是一位專修眼科的儒醫，其除了以眼科醫師為業之外，更師事朝川善庵（1781-1849）與鹽谷宕陰（1809-1867）學習漢學。

198 服部愛軒：即服部子裁。著有《愛軒遺文》、《愛軒文稿》。

199 叩：碰觸、詢問。

中村櫻溪[200]評：我東方之人登黃檗山，蓋以達山兄爲權輿[201]，况記而傳之。隱祖有靈，必應感謝也。

日下勺水評[202]：隱元師東來已過二百年，更無一人訪其故里者。今而有之，亦時運所燃也噫。

200 中村櫻溪（約1852-1921）：即中村忠誠，字伯實，號櫻溪。出身藩學，曾任法衙書記，於明治十四年（1881）受其師倉田幽谷友人木原老谷推薦，前往埼玉縣師範學校中等師範科任教。明治三十二年（1899）辭職來臺，任臺灣總督府國語學校教授。著《涉濤集》、《涉濤續集》及《涉濤三集》。

201 權輿：萌芽、開始。

202 日下勺水（1852-1926）：日本古河（茨城縣）人，名寬，字子栗。別號鹿友莊。漢學者。師事重野安繹，曾任東京帝大講師。在廻瀾社活躍，亦是雅文會大正詩文的主宰人。著作有《鹿友莊文集》。

上梟憲[203]論警察改善書[204]

謹再拜呈按察使[205]朱公[206]閣下。鄙人久蒙閣下之知遇，應聘秉鐸[207]，竭駑力，未嘗懈怠。惟學淺識薄，未能奏寸效，慚愧曷止。鄙人之應聘也，呈一書左右，略陳愚見。其要曰，閣下欲見遠效，則宜養成學生，欲得近效則宜訓練在職者。何則。學生雖有才學，大抵年少無經驗，畢業後，不費歲月則難成用。在職者年齒[208]旺盛，有實驗[209]，加之以嚴正之紀律，養之以新進之智識，則所成就必速矣。閣下不棄斥之，先開辦學堂，養學生一百名，及今其一半畢業，將別設巡警[210]練習所，是誠可賀也。鄙人對此練習所，非無鄙見，然今姑[211]措焉，待異日開陳[212]之。今也論警制之改善者，日益多，月益急，機運[213]之到來可知耳。夫警察者日用之政治，與社會民衆密接不可離。

---

203 梟憲：音聶縣，舊時對按察使的敬稱。

204 本文出自佐倉孫三《達山文稿》，頁223-225。

205 按察使：正三品官職，明清時全名「提刑按察使司按察使」，負責監督地方的政治、行政。

206 朱公：指福建按察使朱少桐，或指福建按察使朱其煊。他們均在1903年擔任福建按察使。

207 秉鐸：古人執木鐸以施教，後稱執掌教化人民的官吏為秉鐸。亦稱為司鐸。

208 年齒：年齡。

209 實驗：實際經驗。

210 巡警：巡查警備。舊指警察。

211 姑：暫且。

212 開陳：日語，指陳述意見。

213 機運：時機命運。

雖有美意良法，不實行則無寸益，殆與王陽明[214]所謂知行合一之說相符合。試舉一例，警察之運用，起於道路之整理。而衛生可講，風俗可改，產業可興，而欲整理之，則不可不設一定之市場。市場一定，而貨物之雜排可除，貨物之雜排除去，而交通完全矣。曩者[215]城之內外見市場之新設，當時鄙人[216]拍拳曰，警制自今其可觀歟。既而其市場者，常屬空屋，不認人影，而街路之雜排依然矣。夫習慣之難矯正，東西相同，然一旦認識其陋習，下令禁之，則宜以不撓不屈之精神遂行之，是政治之根本也。命令一出矣，而不實行之，或恐下民因生侮慢[217]之念矣。曾聞本省駐紮各國領事相謀，交涉貴總督府以禁止無蓋糞桶往來于街上之件。當路者[218]容此議，發禁令，詎料農民相團結而抗之。當路者苦之，此事終罷，噫是誠可惜耳。敝國之始施警政也，非無類焉者。當局者斷々乎[219]不動，遂能矯正陋習以至今日。今也本省學堂林立，民漸嚮文化。當此時，諭以利害，示以得失，禁令一下，駸々[220]斷行，豈有不服從之理乎。論者動輒曰，除北洋[221]之外，各省警察無一成功者。鄙人謂，北洋亦貴國之都府，他省亦貴

214 王陽明（1472-1528）：即明代理學家王守仁。字伯安，浙江餘姚人。明弘治進士。正德時巡撫南贛，定宸濠之亂。嘉靖時封新建伯，總督兩廣，破斷藤峽賊，卒謚文成。其學以知行合一為主，發揮致良知之教，反對朱熹格物窮理之説，講心學淵源於宋之陸九淵，世稱姚江學派。曾築室於陽明洞，學者稱陽明先生。

215 曩：音nǎng，從前。

216 鄙人：謙稱自己。

217 侮慢：輕慢欺凌。

218 當路者：身居要津：指掌握政權者。

219 斷々乎：日語，指非常堅決。

220 駸々：音親親，馬跑得很快貌；形容事物日趨進步強大。

221 北洋：指中國的東三省，或名滿洲。

國之一版圖也，彼獨成功，而他省皆不成功者，果何理。蓋北洋之警察，溯其淵源，則敝邦人所創造。顧團匪事件[222]之起也，北洋一帶地方，一時停止行政權，盜賊横行，慘災頻發。敝邦軍隊不忍坐視，暫以軍隊攝行警察之事，應急救護，人民依賴焉，自此人民之頭腦，早既知警察之威信，爾來相沿而到今日，是以北洋之警制，比他省拔一頭地[223]耳。由是觀之，民之感念[224]一變，則習慣亦漸改。習慣一改，則百事皆容易進行矣。本省警制設置以來，日尙淺，其未遑奏功，固勿論耳。然警制之改善，中外所渴望，宜及其未生痼滯[225]，一新民之耳目[226]，以養成良習慣矣。且夫育英造士之機關亦略備，獨所企望者，在命令之實行。命令不實行，則雖有金科玉條[227]皆屬空文。古人曰，斷而行，鬼神亦避之[228]。鬼神且然，況生々[229]之民豈有不感孚[230]之理哉。鄙人外邦之寒生[231]，固無經世[232]之識，而爲閣下呶々[233]不守緘默者，聊欲報知遇而已。狂瞽[234]之言，唯閣下裁焉。

---

222 團匪事件：日語，指義和團事件（其後有八國聯軍）。

223 拔一頭地：出一頭地，讓他高出一頭。

224 感念：感激思念。

225 痼滯：即滯痼，音至固，指根深蒂固，難以矯正移動。

226 一新……耳目：所見所聞給人截然不同的新感受。

227 金科玉條：形容完善嚴密的法律條文。後比喻不可變更的信條。

228 斷而行，鬼神亦避之：即斷而敢行鬼神避之。旨在說明應當現在就去做，不要以各種藉口躲避。等待，往往是敗事的根由。

229 生々：謀生、孳息不絕。

230 感孚：使人感動信服。

231 寒生：貧苦的讀書人。

232 經世：治理天下。

233 呶々：形容說話嘮叨，說個不停。

234 狂瞽：瞽音鼓，膚淺不明事理。狂瞽指狂妄淺薄的言論。多為自謙之詞。

新築警察學堂記[235]

警察學堂之創設也，借貢院[236]一隅而充校舍。貢院者，歷朝求賢之重地，境域幽靜，頗適修學，唯屋宇極古，難以防風雨。總辨朱公憂焉，相院之官園，新築校舍，役工幾千人，費幾萬金，經一歲而成。厚壁四周，白堊遠連。中央爲文武講堂，環繞以事務、應接[237]諸室。操場、膳廳、宿房等，結構專從洋式，不渙散，不浮華，而布置最適宜。且此地在越王山之南麓，四顧浩豁[238]，絕無塵俗之氣。夏涼冬燠[239]，合于衛生之理。今茲戊申[240]一月某日舉落成之式，余起諗[241]衆曰，抑吾學堂所講修者在警察，々々[242]者國利民福之所原由，社會有此物而保秩序，人民有此物而得安寧，文事武備郵傳農藝工商之事，亦莫不皆待於此力，謹惟至尊軫念[243]，令諸省建斯學者，誠有旨矣。而諸公之拮据[244]經營，亦純忠之至也。今也新迎歲月，而舉新成之典，吉祥並臻，瑞氣滿堂，嗚呼亦盛矣哉。因思諸子[245]之寓[246]。此樓地最高，望最遠，近則瞰市廛田園，遠則眺秋巒江海，凡所以啓發

235 本文出自《達山文稿》頁225-226。

236 貢院：科舉時舉行會試、鄉試的場所。

237 應接：應酬交際；接應、支援。

238 豁：開闊、暢達貌。

239 燠：音奧，指暖、熱。

240 戊申：西元1908年。

241 諗：音審，指勸諫、規諫；告知。

242 々々：此處代指警察。

243 軫念：軫音診，軫念指悲切思念。

244 拮据：音節居，指辛勞操持。亦指境況窘迫，尤指經濟困難。

245 諸子：諸君。

246 寓：託付、寄託。

警察思想者甚多。今夫街路之雜遝攤排者，宜如何矯正之。盜火疫癘之潛發橫行者，宜如何防禦之。郵電輿舟之障碍壅塞者，宜如何安護之。溝渠橋梁之塡沒傾仄[247]者，宜如何補修之。牛馬犬羊之狂奔逸走者，宜如何扞制[248]之。森林漁獵之濫侵壟斷者，宜如何戒飭[249]之。總是等之事，雖坐食夢寢之間，牢記胸臆[250]而弗忘。學成登仕途，則其修得者，銳意[251]實行之，是爲諸子之責任矣。若夫漫悅校舍之新美，喜棲住之安適，而不思所以報答，則不啻不能爲良警察官，亦辜負國家養材之盛旨，豈可不猛省乎哉。是爲記。

247 傾仄：仄音zè，傾仄指傾斜、倒塌。
248 扞制：扞音感，扞制指防止。
249 戒飭：飭音赤，戒飭指告誡。
250 胸臆：心中（的想法）。
251 銳意：意志堅決。

聽月樓記[252]

福洲領事高洲君[253]，少時與余同在二松學舍修漢文。後留學清國，業成，陞任領事，駐紮福州公署。頃築一屋於庭中，構法一依我邦樣式，時招朝野紳士設醼席，詩酒歡洽，以溫隣交誼，命名曰聽月樓。寄書[254]徵一言，余謂君築樓之意可由知，而所以命名者，不得知焉。夫月有形有影，有光有色，而無聲也。無聲而聽之，果何術，豈異捕風捉影[255]乎。既而得之，月固無聲也，然以樓之位置與君之境遇，則可得聽其聲矣。余曾遊福州，常詣公署[256]。々々[257]在榕城之南，閩江之湄，丘巒起伏，青松茂生，奇巖錯峙，最占勝概。庭中有奇木異草，點綴成趣。況今此樓新成，大添風致。若夫玉兔[258]躍於林梢，金波湧於江上，萬壽橋邊無數樓船，吹簫彈琴，皆依月光而發幽興，是亦月之聲也。夜深月沈，四顧寂寥，湧泉[259]南禪諸刹鐘聲，與丘上松籟相應，又依月而傳之遠，即亦月之聲也。君官[260]異境，久缺

---

252 本文出自《達山文稿》，頁226-227。

253 高洲君：疑指1909～1911年駐福洲的日本領事高洲太助。

254 寄書：寄信。

255 捕風捉影：比喻所做之事或所說的話毫無根據，憑空揣測。

256 公署：官署、官府。

257 々：指前句之公署。

258 玉兔：原為月宮裡的兔，此引申為月亮。

259 湧泉：指鼓山湧泉寺。

260 官：任官。

定省[261]，偶對月馳[262]思，慮桑梓[263]恩親知友。笑語之聲，又依月而入耳，是月聲之最可聽者也。有聲如此其多，命名決不虛誕也。嗟乎，余與君同師，經史研鑽，情如同胞，而一隔渺波，不得相逢，夢魂往來不少止。唯對月而冥想之，則君之形貌髣髴浮動，而其聲音亦可聽矣。是不啻[264]名君之樓，取以名吾樓亦可。豈可無一記乎哉。

中村櫻溪評：聽月二字本硬語，卻捻出來爲妙文，所謂婉而成章者。

261 定省：子女早晚向父母請安問好的禮節。

262 馳：嚮往；傳播、傳揚。

263 桑梓：桑樹和梓樹。古時住宅旁常栽種桑樹以養蠶，種梓樹以製作器具。後借指故鄉家園。

264 不啻：不止、不僅；如同。

盧谷前島君碑[265]

君名彪，前田氏，號盧谷，自稱前島眞，人不知其故云。熊本人，考諱敬吾，妣小山氏。幼喪父，母教子有義方，兄喜熊好武，入陸軍士官校。君則以文游禹域[266]，南船北馬，足跡甚廣，後留鄂[267]數歲，會甲午役起，間行抵營口，爲陸軍譯官，功勞不尠，賜勳章。和成，航臺灣，建議創刊閩報，唱扶掖聯盟以樹黃種隆興之計，所言公明忠實，官民悅服。配荒尾氏，又有婦德，善待客，凡邦人上下閩江者，無不叩其居，閩報館名遂振海內外。既而有甲辰役[268]，兄喜熊爲豐橋聯隊大隊長，戰死于遼陽，官舉行其祭于豐橋，君渡海往與焉，別請將校以下，設大法會，費千金，且刊其傳頒之，友于之篤，人皆感嘆。越翌年，民戶失火，延燒報館，屋舍器械蕩燼一空。或疑其難再興，未數月，建築復舊，館務愈整備，素志亦成矣。既而獲病歸養，醫療百方，而終不起，實大正四年四月六日也。距生慶應二年六月廿六日，年五十。養今村一雄爲嗣，君性端直豪邁，而處事縝密，毫無遺漏，是以拮据二十餘年，善得維待其業而不墜。其交道頗繁，輕財尙氣，家無餘貯，但愛古器書畫。暇則賦詩揮灑，晚喜禪。頗有所得。余在閩六年，與君相得歡洽。及聞訃，痛惜久之。頃同志

265 本文出自佐倉孫三《達山文稿》，頁249-250。

266 禹域：指中國的領土範圍。

267 鄂：指中國湖北省。

268 甲辰之年為西元1904年，甲辰役指日俄戰爭。此雖為日本和俄國兩國之戰，但陸上戰場是在中國（清朝）的東北地區。

相謀，立石閫江之湄，不朽其跡。微余文，文成，乃繫君臨終詩以代銘。曰：

歷歷山川不可忘　夢魂日夕去徜徉
追尋五十年來跡　畢竟榕城是故鄉

岡豹村[269]曰：盧谷山人又有病中作曰：一點寒燈燃客愁，孤襟抱病不堪秋，廿年心事同誰語，夢繞閫山第一洲。

269 岡豹村：明治時期的儒者暨阿波詩人。

送佐倉先生歸國序[270]　（福州友人與門生）

古之君子，窮則獨善其身，逢則兼善天下，[271]抱兼善[272]之志，有不以[273]窮達異者，其唯宏施教育者乎。吾師佐倉君，東瀛名下士也。少孤，好學，從名師遊。精通經史，且喜擊劍，以視[274]文學家萎靡不振之流，奚啻[275]霄壤[276]。壯年擢爲警視郡長，尙欝々[277]不得志，蓋師固以行己[278]爲已任也。光緒丙午[279]，閩省創興警學，仿邊因氏[280]故事，聘師主講席，師於是勝任愉快，而兼善之目的以達。今者瓜期[281]已屆，東歸有日矣。從遊諸子，離緒縈[282]懷。揆[283]師之心，當亦不忍恝[284]然而歸耳。師旅閩三載，毅然以教育英才自任，與同學諸子尤富於感情。其腸之熱，心之苦，靡[285]不共見。即吾鄉士丈夫親丰采，共

270 本文出自《達山文稿》，頁303-307。

271 語出《孟子》：「古之人，得志，澤加於民；不得志，脩身見於世。窮則獨善其身，達則兼善天下。」意指當才能不被受用（懷才不遇）時，只要保持個人的節操修養就好；而當顯達的時候，廣布恩澤，使天下蒼生都能蒙受其惠。

272 兼善：兼善天下，使他人受益。

273 以：因。

274 視：顯示、表示；比較、比擬。

275 奚啻：何止、豈但。

276 霄壤：天與地，形容相差甚遠，極為不同。如霄壤之別。

277 欝々：日語，指心不開，通鬱。

278 行己：典出「立身行己」，指修養自身，行為有度。

279 光緒丙午：西元1906年。

280 邊因氏：疑似某位外籍人士的音譯名。

281 瓜期：任滿更代之期。

282 縈：圍繞、纏繞。

283 揆：揣測、審度。

284 恝：音夾，指因忽視而顯出不在乎貌。

285 靡：音米，指無、不。

周旋，慕師之學，壯師之志者，莫不相聚語。曰設斯人不去，則楚才晉用[286]，吾警學當可日新而月異，其仰慕之深率多類此，而況身受其情如我同學輩，繫戀之忱自倍深，棖觸[287]可知。此送別會之所由建也，他日翹首[288]瀛洲[289]，庶幾盈盈衣帶水間[290]，而有乘風破浪，濯足扶桑[291]之一日耶。抑或雪泥鴻爪[292]，舊印重尋，而有復親榘範[293]之一日耶。綢繆[294]道故，樂更奚如。然此特意中事非敢，必也無已[295]，乃置杯酒，爲吾師壽。又各集吟篇數十首，以紀他時之念，以壯召師之行。

宣統元歲次己酉[296]春三月　全閩高等巡警學堂全體學生拜撰

286 楚才晉用：比喻人才外流或用才不當。

287 棖觸：音成處，指撥動、觸動。

288 翹首：抬頭，形容盼望殷切。

289 瀛洲：傳說為東海中神仙所居住的仙島。亦指日本。

290 盈盈衣帶水間：典出「盈盈一水」和「一衣帶水」，指隔著清澈的河水，江流狹窄有如一條衣帶；雖有江河阻隔，可望而不可及，但不能限制交往。

291 扶桑：古代相傳東海外有神木叫扶桑，是日出的地方。亦是日本的別名。

292 雪泥鴻爪：鴻雁踏過雪泥遺留的爪痕。比喻往事所遺留的痕跡。

293 榘範：音舉範，指規範。

294 綢繆：親密、纏綿。

295 無已：無止、無盡。

296 宣統己酉：即西元1909年。

先生聲望冠東瀛。偶莅南閩教化行。八郡英才同樂育。三年交誼總關情。治安欲補中朝[297]策。技擊偏高壯士名。記取屏山[298]新講舍。春風噓[299]拂滿榕城。祖筵一曲別離嘆。樓外晴山擁畫欄。雲海盪胸歸棹急。煙花滿眼酒杯寬。圖書瀏覽多佳趣。劍佩雍容得古歡。握手贈君無別物。數竿新竹月團々。

達山先生任警察教育三年，閩中人士咸愛敬之，行將東歸，敬賦七律二章，書諸便面[300]，以誌別悃[301]，並請大吟壇[302]敲定[303]。

翼廷　俞鳳官未是稿

脱盡書生氣。豪情海樣深。看花張酒膽。拔劍壯詩心。藥我真如石[304]。度人別有鍼[305]。治安良策在。澤徧碧榕陰。

297 中朝：朝中。或指中原地區，泛指中國。

298 屏山：福州三山之一，位福州舊城正北。其形如屏，故稱為屏山。後又因閩越王建都山麓，又被稱為越王山。

299 噓：緩緩吐氣。

300 便面：便音變，便面為扇子的一種，或古代用以遮面的扇狀物。因不想使他人看見時，便於障面，故稱為便面。

301 悃：音綑，至誠的心意。

302 吟壇：詩壇。或對詩人的敬稱。

303 敲定：商量確定、不可變更。

304 真如：佛教上指現象的本質或真實性。亦稱為法性、實相。

305 鍼：古代以砭石為材質的醫療用具。

達山先生專門警察之學，長劍擊，工詩歌，善書豪飲，性情瀟洒，莅堂教授已三閱年，言返國，情殊戀々。賦贈五言一闋[306]，以壯行色，并留爲他日之記念云。

潮陽　鄭勳拜草

文采精神武士風。唾壺擊破[307]劍光紅。歡娛酒量豪吞海。慷慨歌聲氣吐虹[308]。手著警章匡[309]世略。心傳學派藥人功。東瀛名士多如鯽。齊譽西鄉[310]是此翁。

文楷　拜稿

滄海之東有神山[311]。鍾靈敏秀非等閒[312]。英奇間[313]世特一出。抱道來遊閩海灣。臯[314]比六載屈高擁。講武修文相接踵。賤子深沾化雨[315]

306 闋：音確，指曲調。

307 唾壺擊破：典出「擊碎唾壺」或「擊缺唾壺」。晉朝王敦酒後往往歌詠魏武帝詩歌，並以如意敲打唾壺以和節拍，造成唾壺邊緣碎缺。後用以比喻對文學作品非常激賞。

308 氣吐虹：典出「氣吐虹霓」。霓指彩虹。「氣吐虹霓」指吐氣能成為天上彩虹，形容氣魄很大。

309 匡：改正、扶正。

310 西鄉：相對於東瀛日本，西鄉指西方的家鄉中國。

311 神山：神話傳說中，東海中仙人所居住的山。此指日本，出典自秦始皇聽聞東海祖洲有不死之藥，遣方士徐福（徐市）乘樓船，載童男女各三千人往求之，去而不返。

312 閒：兩者之中。

313 間：處所、地方。

314 臯：音高，指水邊的高地。

315 化雨：典出「春風化雨」，指教化。

息。朝夕喁々[316]敬且悚。一堂授受無曠功。警察長編得會通。愛我逾恒[317]荷嘉許。時瞻意氣如長虹[318]。酒酣拔劍當筵舞。並聽高歌協宮羽[319]。平生酷好山水遊。奚囊[320]詩句空今古。行將棄予買擢歸。歸時櫻花紅正肥。家園團聚喧笑語。碧為鄭重惜芳菲[321]。明朝分手屏山麓。無限離情勞夢轂[322]。會當直上最高峰。遙望扶桑祝曼[323]福。

鄭倫　謹呈

風流儒雅亦吾師。韓柳書家李杜詩。水急東流波不轉。春歸南國足相思。雪泥舊印尋何日。桃李新陰遍此時。惆悵明朝分手處。瀛洲萬里一帆遲。

陳希東方拜

東瀛名士駐南閩。俠武儒文迥絕倫。編述警章條井々。闡明學派誨

316 喁々：音yóng yóng，指眾人向慕貌。

317 逾恒：超過尋常。

318 意氣如長虹：典出「氣貫長虹」，形容氣勢旺盛，能貫穿長虹。

319 宮羽：文音雅樂。

320 奚囊：唐李商隱《李長吉小傳》：「每旦日出，與諸公游，恒從小奚奴，騎距驢，背一古破錦囊，遇有所得，即書投囊中」。後因稱詩囊為奚囊。

321 芳菲：花草的芳香。

322 勞夢轂：轂音鼓，指車輪中心的圓木，借指車或任務。本句指連在睡覺都夢見身負的任務，借指勞累。

323 曼：長、美、柔美。

諄々。劍光掩映思前範。書法軒昂駕古人。拜別不知何日會。聊申微悃餞芳春。

伍典從頓首

氣慨平生義俠高。金剛百鍊羨英豪。文明進化輸同種。武術真傳紹六韜[324]。誘掖[325]深功售壯志。青藍繼譽愧吾曹[326]。攜書挂劍[327]東瀛去。警政維新沐冶陶。

受業生　數名

受業同堂感熱腸。乘軺[328]萬里出閩疆。盈門[329]桃李成陰後。記取先生姓字芳。生徒幾輩拜門牆[330]。濟々蹌々[331]共一堂。難得春風常坐我。追隋杖履[332]到扶桑。

受業　黃澄未是草

324 六韜：書名。指文、武、龍、虎、豹、犬韜。相傳為周太公望所撰，共六卷。為武學七書之一。

325 誘掖：誘導扶助。

326 吾曹：我輩、我們。

327 挂劍：典出「松枝掛劍」，比喻重信義的美德。

328 乘軺：典出「乘軺建節」，形容官場得意。軺音搖，指輕便的小車。

329 盈門：滿門。形容人極多。

330 拜門牆：孔子弟子子貢把孔子高深的學問比做高高的宮牆，能得其門而入的人很少。後以之比喻師門。拜門牆即指拜師。

331 濟々蹌々：蹌音嗆，形容行走合乎禮節。濟々蹌々指走路有威儀貌。

332 春風……杖履：春風比喻恩惠德澤，杖履指手杖和鞋子。因皆為出行時的用具，故引申為腳步、足跡。

百尺蒲帆[333]萬里風。銅琶高唱大江東[334]。春波南浦連天綠。曉日扶桑照海紅。三島[335]歸心催畫鷁[336]。五絃揮手送飛鴻。何年重食安期棗[337]。卻望神山縹渺中。

學生　連渚朱未定

滿門桃李悵春遠。一唱驪歌駕莫攀。注返不難千萬里。東風相送淚潸々。恨事無加送別吟。鶯花三月悵分襟。南閩滄海東瀛水。不及離情一半深。

受業　文康拜生

先生尚武煥精神。教範行看遍十閩。便是東歸休太急。餞行留與一杯春。風馳電擊駕難留。別後愁登鎮海樓。不見東瀛空悵望。暮雲春樹[338]雨悠々。

學生　張鵬翼　謹拜

333 蒲帆：用蒲草編織的帆。

334 銅琶高唱大江東，銅琶典出銅琶鐵板：用銅琵琶、鐵綽板伴唱。形容氣慨豪邁，音調高亢的文辭。

335 三島：俗謂三島十洲皆仙人居處。三島為蓬萊、方丈、瀛洲，亦稱三仙山，或稱三壺。此處以三島借指日本。

336 畫鷁：《淮南子・本經訓》：「龍舟鷁首，浮吹以娛。」高誘註：「鷁（音易），大鳥也。畫其像著船頭，故曰鷁首。」後以畫鷁為船的別稱。

337 安期棗：傳說中的仙果名。《史記・封禪書》：「臣嘗游海上，見安期生，安期生食巨棗大如瓜。」後因有安期棗之稱。

338 暮雲春樹：黃昏的雲，春天的樹。後作為表示朋友間思念情深的話。

偉哉我夫子。筆氣挾飛霜。詩酒餘事耳。書劍兩專長。

鴻篇[339]手自著。文學老而蒼。鳴鳳思高崗。將翺復將翔。

白龍同生日。滿擬宴春芳。光芒騰北極。銀燭[340]影煌々[341]。

何期堅去志。報答乏琳瑯[342]。堪羡明達[343]人。用舍守行藏[344]。

不敢違師命。送行罷舉觴。且承長風去。直破波瀾狂。

鵬程搏萬里。立志事君王。多才欽士族。冠冕仰唐皇[345]。

學生　劉國琴　未是稿

339 鴻篇：典出「鴻篇巨帙」，指篇幅、規模很大的著作，或用以恭維、讚美他人的作品。

340 銀燭：明燭。

341 煌々：光明貌。

342 琳瑯：琳瑯，美玉。琳瑯滿目，形容滿眼所見都是珍美的東西。

343 明達：對事理有明確透澈的認識。

344 用舍守行藏：典出「用舍行藏」，指可以仕則仕，可以止則止，不強求富貴名利的處世態度。

345 唐皇：《後漢書・班固傳》：「汪汪乎丕天之大律，其疇能亘之哉。唐哉皇哉！皇哉唐哉！」李賢注：「唐哉，謂堯也；皇哉，謂漢也。言唯唐與漢，唯漢與唐。」後人因此稱唐皇為氣勢宏偉盛大。

瀟洒天姿秉性剛。書文劍酒悉兼長。雲烟落紙[346]疑張旭[347]。虹電凝燁[348]肖[349]項莊[350]。

蘇海韓潮[351]風骨駿。劉醒蘚醉[352]姓名芳。具玆四絕稱人傑。趨步方殷握別忙。

同文同種實天然。化被[353]南閩孰比肩。入室升堂資德育。一隅三反[354]得心傳。

[346] 雲烟落紙：筆墨落到紙上如同雲烟一樣變幻多姿。形容書法或詩文高超玄妙，變化多姿。

[347] 張旭：人名。字伯高，唐朝吳（今江蘇蘇州）人，生卒年不詳。善草書，有草聖之稱；與李白歌詩、裴旻劍舞並稱三絕。相傳他往往大醉後呼喊狂走，揮灑落筆，有時以髮濡墨而書，故世稱為張顛、書顛。

[348] 燁：火光、光彩。

[349] 肖：相似、相像。

[350] 項莊：為戰國時楚國貴族後裔。秦亡後，項羽與劉邦會宴於鴻門（今陝西西安東北），莊於席中起舞，圖謀刺殺劉邦，因項伯、樊噲衛護，未成。遂成典句「項莊舞劍」。本句前文為「虹電凝燁」，因此是形容武劍的氣勢。

[351] 蘇海韓潮：唐朝韓愈與宋朝蘇軾所寫的文章，像海潮般氣勢磅礴。後用「蘇海韓潮」形容文章風格雄偉豪放。

[352] 劉醒蘚醉：典出酒神杜康與劉伶的故事。傳說劉伶好飲酒也極能飲酒。某天，劉伶來到洛陽南邊，走到杜康酒坊門前，看見門上對聯寫「不醉三年不要錢」。劉伶因此負氣喝酒，但第三杯下肚，卻天旋地轉，果真喝醉了。他一路搖晃地回到家，交代妻子說：「我要死了，把我埋在酒池內，上邊埋上酒糟，把酒盅酒壺給我放在棺材裏。」說完，他就死了。而妻子依約安葬。三年後某天，酒神杜康來找劉伶，聞之死訊，知其是醉，就與其妻趕赴墳墓。打開棺材，只見劉伶穿戴整齊，面色紅潤；杜康叫喚，果然把他喚醒。事後兩人都成仙上天。

[353] 化被：典出「化被萬方」。化指華，德化，用恩德來感化；被指到、及；意指恩德感化達到四面八方。

[354] 一隅三反：指能依循事理舉一反三。

觀光東國[355]誠痴願。契[356]道西賓悠錦旋。驛路[357]驪歌堪指日。榕嶠[358]此會在何年。

學生 吳德峻 敬題

[355] 東國：指日本。

[356] 契：投合、切合；志趣相投。

[357] 驛路：古代專門給馬車之類通行的道路，也做驛道。

[358] 榕嶠：指福州。

佐倉孫三年表

西元	記　事
1861年3月	生於福島縣二本松
1877年12月	到東京
1878年4月	就讀二松學舍，拜師三島中洲門下
1883年10月	擔任二松學舍塾頭和幹事
1886年10月	任千葉縣警部補
1988年7月	《霞城の太刀風：二本松老少年隊の勇戦》由二本松的相原秀郎出版
1890年	任千葉縣佐倉警察署次席警部
1891年8月	任警視廳警部
1891年12月	《警士之龜鑑》由東京中川長二郎出版
1892年7月	《日本尚武論》由日本東京教育社出版
1893年5月	編《山岡鐵舟傳》，由普及舍出版
1894年3月	《国之磐根 安部井翁之伝》由東京博文堂出版
1895年	約此時於東京府任職於各勤務
1895年4月	日清戰爭，簽訂馬關條約。臺、澎割日
1895年5月	隨樺山資紀將軍搭横濱丸來臺。初任臺灣總督府民部局學務部員
1895年8月	其師三島中洲寫〈寄懷在臺灣佐倉達山〉
1896年12月	撰寫《臺風雜記》初稿，以「稱史」、「達山髯史」之筆名，陸續在《臺灣新報》發表
1897年6月21日	佐倉之妻小彬氏病故
1898年	升為鳳山縣打狗警視、打狗警察署長、臺南辨務署長
1898年	約春天時歸國

西元	記　事
1898年5月	任山梨縣南都留郡郡長
1899年3月	任靜岡縣警部
1899年4月	任靜岡警察署長兼巡查教習所長
1900年6月	任山梨縣北都留郡長
1901年	任警視（奏任官）
1901年12月	休職
1902年	《甲州遊覽－中央線案》由奈良樫塢出版
1903年2月	後藤新平為《臺風雜記》作序，橋本蹫堂寫跋
1903年8月	《臺風雜記》由東京國光社出版
1903年10月	應福州武備學堂之聘到福州任教
1903年	撰〈遊環碧池館記〉、〈遊鼓山記〉
1904年1月	撰〈登烏石山記〉
1904年1月	《橫綱常陸山》由東京佐倉孫三出版
1904年2月~3月	撰〈遊玉尺山房記〉、〈百水園觀梅記〉、〈芭蕉記〉
1904年4月	撰《遊閩江記》
1904年	《閩風雜記》由福州美華書局出版
1905年	《時務新論》由福州美華書局出版，佐倉自序寫於該年3月
1906年	任全閩高等巡警學堂練教席
1907年8月	〈遊黃檗山記〉並撰出版小冊子
1909年3月	離開福州，歸國
1910年	再次到臺灣任職，居三年
1913年	任早稻田實業學校講師 講學於獨逸（德國）協會學校
1916年	任二松學舍講師
1918年	任二松學舍教授
1926年7月	《武士かたぎ》由東京日東之華社出版
1928年4月	二松學舍專門學校擔任專任漢文教授

西元	記　事
1928年6月	佐倉達山編纂《模範漢文新選》，由東京松雲堂書店出版
1928年9月	《霞城の太刀風：二本松老少年隊の勇戦》由東京日東之華社出版
1929年	《壯烈美譚鈴木巡査》由東京日東之華社出版
1935年	晚秋，福島甲子三爲《德川の三舟》寫序，佐倉強哉作跋
1935年12月	《德川の三舟》由東京康文社出版
1937年2月	山田準（濟齋）寫〈佐倉達山傳〉
1937年3月	《達山文稿》由濱隆一郎寫跋
1937年4月	《達山文稿》由東京達山會出版
1938年9月	佐倉孫三編《談藪》，由東京達山会出版
1941年2月	撰「天野爲之先生頌德之碑」
1941年2月	15日，過世。諱名慧光院達山日照居士
1941年	佐藤利雄編著《二本松少年隊秘話》，由東京霞ヶ関書房出版。其中一篇爲佐倉孫三執筆之〈二本松少年隊の勇戦〉
1961年5月	《臺風雜記》由臺北臺灣銀行經濟研究室復刻出版
1987年10月	《臺風雜記》由大通書局復刻出版（與《臺游日記》、《臺灣遊記》、《臺灣旅行記》合刊）
1996年9月	《臺風雜記》由臺灣省文獻會復刻出版
2007年12月	林美容編集《白話圖說臺風雜記》，由台灣書房出版社出版
2009年	《白話圖說臺風雜記》日文版，由三尾裕子主編，東京外國語大學AA研出版
2010年12月	林美容著〈跨文化民俗書寫的角色變化——佐倉孫三《閩風雜記》與《臺風雜記》的比較〉，在《漢學研究》刊出
2018年1月	林美容編著、沈佳姍註釋《新編閩風雜記》，五南圖書出版

參考書目

二本松市編集

1989，《二本松市史第九卷：各論編》。二本松市：二本松市。

川邊雄大

2008，〈明治時代二松學舍畢業生和臺灣——以佐倉孫三爲中心〉，臺灣古典詩與東亞各國的交錯學術研討會發表論文，成大文學院主辦。

井田麟鹿

1911，《澎湖風土記》。臺北：成文出版社復刻。

吉原丈司

2009，佐倉孫三氏檢討關連資料（2009年10月29日未刊稿）。

佐倉孫三

1903，《臺風雜記》。東京：國光社。

1904，《閩風雜記》。福州：美華書局。

1905，《時務新論》。福州：美華書局。

1935，《德川の三舟》。東京：康文社。

1937，《達山文稿》。東京：山縣製本印刷。

1985，〈三十七年前の夢〉，收於日本合同通信社編，《臺灣大觀》，1932，頁154-159。臺北：成文出版社復刻（中國方志叢書，臺灣省，163號）。

林美容編譯，佐倉孫三原著

2007，《白話圖說臺風雜記：臺日風俗一百年》。臺北：台灣書房。

林美容

2004，〈殖民者對殖民地的風俗記錄——佐倉孫三所著《臺風雜記》之探討〉，《臺灣文獻》55(3)：7-24。

林美容、陳緯華

2008，〈馬祖列島的浮屍立廟研究：從馬港天后宮談起〉，臺灣人類學刊6(1)：103-131。

林晚生譯，馬偕原著

2007，《福爾摩沙紀事：馬偕臺灣回憶錄》。臺北：前衛。

林鴻信

2001，〈從「臺灣遙寄」看馬偕〉，《臺灣神學論刊》23：31-46。

後藤松吉郎

1984，〈文官最初の臺灣入り〉，收於日本合同通信社編，《臺灣大觀》，1932，頁135-154。臺北：成文出版社復刻（中國方志叢書，臺灣省，163號）。

農人或食糖蔗或培蔬菜營營栖栖爲日不足可謂勤勞矣歸寓羨蜆會諸友又傾杯共樂既而怦怦若有動于中者以爲余輩在南方和平之地時試遊觀可謂幸矣而並地戰雲濛濛礮轟肉飛是何境遇之相反也一念及此又覺飲啖皆不知味想我師之奏膚功告大捷果何日邪中宵就寢夢魂屢驚

鄧祖庚曰先生作文每於結處有國家思想橫槊賦詩慨當以慷此記當不徒作紀遊觀也

墓道大抵置此物、名曰翁仲、村之西方有奇巖、陡出於江中、自是水分爲二、右沿省城而走海、左繞南臺之陰、然右者急而曲、左者緩而浩、白砂遠連渺乎不辨涯際、舟楫往來如浮鷗、眞爲絕勝、岸畔有老榕、枝垂蔽水、凉氣迫肌、乃坐其下、傾壺觴、時有漁夫擔籠而過、探視之蜆也、因購之、納於輿中、此日、日光微、無風無雨、最適於遊、而異禽囀樹、大魚躍淵、此樂更有出於望外者、於是沿江而下、至金山寺、寺在江中奇巖之上、形如蜃樓浮動于白雲飄渺之間、大有似我邦、不忍他天女祠之風趣、有一老僧守之、形如槁木、蓋閩人急於植利、而不顧佛寺、故僧多貧也、左折踰一山、出洪山橋、側橋長二千尺、高二丈許、以花崗石築之、石欄刻獅、壯麗可喜、渡橋經田野、中多養罌粟、花皆單瓣、紅白相雜、瀟洒可愛、土人以刀刺其殼、採其液、余一見悚然、夫罌粟液者、藥籠中不可少之物也、而淸人所用、全與相反、此余之所以悲耳、此間

鄧筱仙曰。奇情中肯。妙語解頤。

遊閩江記

閩之爲州。山高谷深。通路甚嶮。唯一水貫流中央。不乏舟楫之利。而沿岸之風光。可觀者亦多。僚友瀧澤君性好山水。近郊勝槩。莫不探討。爲吾說之甚詳。余豔羨日久而未果。今四月旬日。乃與瀧澤巖切兩君往遊焉。乘輿出西關。右折有湖。曰西湖。湖中嶼。曰開化寺。左有邱巒。老松秀焉。危樓峙焉。絕于塵壒之表。因下輿步出江之右岸。岸上龍荔橄欖諸樹。鬱然成林。聞一歲之利。不下萬金云。江流清且浩。其最廣者目無極。舟楫上下其間。舟形平而長。逢急湍則以纜曳之。安流則揚帆。其狀如圖畫。行半里許。到螺女江。僦二舟載輿而行。有二婦。揮棹輕快。氣凌丈夫。可謂奇矣。岸上得一郁。郁端有寺。石人相對。高各丈五尺。一儒服。一武裝。其側有二石馬。刻亦奇古。聞明時顯達

每歲開花。頂垂大蕾。形如蓮華。實五稜而青翠。匀潤。味亦甘美。株傍生小苗。繁衍甚速。値初夏時。新芽爭長。形如卷筒。漸長漸開。如羌笛。如鳳尾。終則如蓋。如舟。左右開展。蔽遮天日。雨中則刺刺成聲。滴瀝如銅壺漏。其老葉爲風所裂。毿毿然。又如馬鬣。姿態橫生。當夫晚涼天氣。淨掃庭除。移榻其下。傾壺待月。少焉玉兎躍於林梢。婆娑軒舞。葉葉皆放光明。映我襟袖。此時吟興勃勃。陶然自娛。抑聞之。昔者石丈山酷愛竹。晨夕頻以手帕拭其竿。或有戲以小刀刻剜竹皮者。則大怒曰。吾無妻子。即以此竹爲妻子。今有人刺傷之。是胡可忍也。乃起以眉尖刀擬之。嗚呼。是雖似狂。然愛之深。嗜之至者。亦實有如此情景也。因憶余羈客居。終年坐臥於其間。既無家室團欒之樂。又無友朋談笑之歡。僅有此物稍慰羈旅。乃知丈山之言。不徒然也。書以謝瀧君。種植之勞。併切戒小僮勿肆蹂躪云。

少志銳。往往脫軌範。既而君出爲武弁。余爲文吏。後君漫遊此邦。余亦入臺灣。不相逢者。亦八九年矣。今也邂逅於茲土。日夕會晤。交如昔日。由是觀之。人之離合集散。不可豫測。其能披瀝相語。傾酒卮相樂者。果幾時耶。而今。各保天禀之健康。玩異鄉之煙景。是亦可謂至幸矣。獨聞北海風雲日急。雄心飛動。不可抑壓。因又相俱引觴。陶然而醉。猶覺琴聲漸成激越之音耳。

鄧祖庚評　文以韻勝。末幅大有寄托。不徒作遊記觀也。

吳懋昭評　每作後幅輒勝於前。此著末段氣韻入古。結語尤有致。

芭蕉記

余居學堂北隅。境清而幽。室之前後。有芭蕉數十株。係僚友瀧澤君所手植。閱年僅二已鬱然成林。余愛之。常盤桓其下。憶我邦所產者。莖闊不出二尺。高只六七尺。花亦隔數年而開。至冬則萎。此邦地煖。根莖合抱。高約二十尺。

白水園觀梅記

烏峰之南麓有園曰白水園爲劉氏之別墅園中有瑞泉多梅樹亦榕城之一勝區也友人橋本某甫寓焉花晨月夕必往訪之常悉其勝致園廣袤數百弓梅樹數十株鐵幹槎枒如交劍戟雜植芭蕉棕竹錯落有姿態穿梅林而行有井甃巖足湛然如鑑酌而試之甘冽稱城中第一泉昇磴得一屋循山曲構復經屋後六稜亭左旋而登得一坪石欄環匝如露臺置桌椅爲遊息處老梅蔽之其頂有奎光閣祀劉氏之祖臨此處憑眺城市田塍歷歷可指數俯瞰則園中梅花白者漸謝而紅者正盛簇乎如漲紅霞花瓣飄風繽紛墜井中一婢酌水落英浮出烹茗爲歡繼以酒果某甫有箏聲兒昨春生於此園渾然如玉嬉然以笑一僕進皷琴鏘鏘可聽又有一人和之大破遠客索莫之情余因謂某甫曰余之辱交誼實在二十有三四年之前當時年

木似樟而非。曰雪丁香花。又有一樹。松葉栢身。有異香。曰栝。自京都移植。其他喬松老檜丹桂芳蘭類皆競榮。構一室於巖洞。曰荔香洞。安朱子畫像。仇十洲筆。云有樓曰霞端。有石梯曰鶴磴。欹身而昇。眺甚佳。樓下一屋。曰日夕佳樓。爲家眷居室。有臺曰月臺。陳盆景。有閣曰臥虎閣。閣下得一屋。曰栁湄小榭。揭陶子撫松圖。是爲延賓處。欄下有池。養鯉。投餌則潑然飛躍。沿欄而行。得一屋曰東漚。陳程光祿位。渡橋得一樓。爲子女讀書處。楣間揭林少穆書遊覽。既終啜茶辭去。因思世之稱幽泉怪石者。大抵遠在僻陬寂寞之鄉。而此山房介於闤闠繁華之區。占林泉之奇。郭氏不飾其門戶。而傾意庭園。不貯冗器。而多藏古書。聞其家數世多績學士。蓋亦宜哉。

吳懋昭評　勝槩幽意。令人神往。

鄧祖庚評　徑曲而幽。筆曲而達。令人尋味不盡。

遊玉尺山房記

榕城號多名園。而其最瑰奇者。競稱郭氏之玉尺山房。房在光祿坊闤闠之間。而占泉石之奇。是以得名。郭生學遠脩業於武備學堂。一日詣余曰。先生好遊。盍一顧敝廬。余遂往遊。門牆。龐然。一富商之家耳。既而入屋後小徑。有洞門題曰纔通人。排之。浩然得一大庭園。中央有巨巖。高三丈許。童然屹立。篆閩山二大字。宋程師孟知福州曾遊所題。其側有光祿吟臺四大字。僧某所書。巖下窪然成洞穴。黯不辨其底。巖罅生泉。瀦於池。又有一石。形如長鯨。臥于庭中。端有鑿痕。相傳昔有石柱。矗然刺天。形如尺。故有玉尺之稱。巖底有古井。清澈可鑑。曰泌泉。其上邱巒。隆然以聳。即玉尺山也。雖不甚高。頗富眺矚。疎梅。密竹。相橫斜。降磴渡石橋入室。即玉尺山房也。房中陳古器書畫。又藏古書。其最浩瀚者。爲古今圖書集成一千七百卷。庭中養奇樹異草。有

宜也獨惜今人委此名山於蔓草中而不顧果何心乎歸途出沈氏廟下入而觀之庭園廣闊花卉雜植石徑竹斜幽僻入山巔一亭翼然頗富眺矚亭畔有石刻舊濤園三字聞此山稱石林爲明許豹別業當時有吞江松嶺鳥跡霹靂諸勝至後乃爲沈氏廟降磴入廟之正楹見勅額曰忠孝成性燦然奪目沈氏名葆楨謚文肅有文武材仕至兩江總督咸豐間沈氏宦江西廣信知府出他郡籌餉賊至廣信城將陷夫人刺血作書請援兵自執爨犒軍士氣大奮城遂全至今傳爲美談夫人實林少穆之女也沈氏歿朝廷建祠寵旌之廟下有古梅兩三株紅白相間清香襲人低徊久之請一枝歸插瓶中作是記

吳懋昭評　挈掌故爲遊記添毫文傳而山名益著山靈有知當亦拜嘉

鄧祖庚評　凡紀所遊必兼考校足徵嗜古

重疊。如累卵。如兜帽。如虎豹。如臥牛。其最奇者爲鯉石。石生鱗紋。首尾皆具。又有藏六石高丈五尺。偃然而橫。其側有桃石。亦奇絕。巔有祠。曰隣霄臺。有朱子題字。其側一圓石。中央剖裂。似鈴。其右即鴉浴池也。此間有石。必題字。或楷草篆隸。皆可觀。其最著者爲般若臺銘。在華嚴巖左。昔有沙門持般若經於此。不釋手。唐太宗大曆七年。御史李貢造臺。李陽冰大篆般若臺記。刻於右。字徑一尺。與處州新驛記。縉雲縣城隍廟記。麗水忘歸臺銘。世稱爲四絕者也。是爲山之最高處。踞石。放眸。城內外民戶六七萬。高樓傑閣。如蟻垤。屋瓦。毗連。如魚鱗。而九仙之七層塔。越王之鎮海樓。嶄然露頭角。城外則皷旗。蓮虎。諸峰。列峙。如屏。東望閩江。朝海。渺渺。如銀蛇。大橋架焉。白帆。往來。宛然有觀。燈畫之趣。因憶此山城市之景。不讓我邦愛宕田野之趣。則似飛鳥而奇巖崛律之狀。則髣髴於妙儀。兼此三絕而在閩中。則其聞於世。固所

鄧祖庚評　皷山名勝心醉久矣。讀此記神已先往。異日登臨。當奉為先導。

吳懋昭評　以浩蕩之天懷。作清曠遊。胸中得於山水者多。筆端自無俗韻。文中有以趣勝之處。尤徵澤古之力。

登烏石山記

福州城中有山。曰越王。曰九仙。曰烏石。隆然成鼎勢。稱曰三山。城越王。浩豁。九仙平遠。烏石則以奇峭勝。其名最著。相傳漢何氏引弓落烏雲際。或曰巔有鴉浴池。故名。唐天保八年。勅名閩山。宋光祿卿程師孟知福州。謂此山登覽之勝。可比道家蓬萊方丈瀛洲。遂名道山。曾鞏作記。當時山有三十六奇云。今歲甲辰一月十日。余偕學生某往遊焉。取路於白水庵。拾磴而昇。有聖母廟。廟畔榕樹張鵬翼。其下奎光閣。梅花如雪。是為劉氏別墅。山上則奇巖高峰。似巨鐘。曰妙高峰。勢不可攀。出門降磴。左折入深谷。有瀑高十數丈。用水力撞鐘。奇搆可喜。其側懸涯斧削。構樓其間。形如舟。爲近年洋客避暑處。時日已過午。乃就展望最佳處。踞石而憩。出藏酒二瓶。燒落葉煮之。佐以肉脯。且飲且啖。爲時驩甚。因思赤壁之遊。坡公當日亦有二客相從。至今傳爲美談。今吾三人。向皆肄業於東都二松學舍。今復同遊。未始非一段佳話也。則此一遊也。豈偶然哉。自茲以往。殆將有無限之奇緣。來相契合。則吾三人。歡欣鼓舞。更當何如耶。乃相與大笑。聯袂而返。適輿夫以日暮急躁。刺刺不休。余一喝而止。邊君曰。昔者神晏喝水。水逆流。君今一喝。輿夫屏息。今與昔何適相吻合乎。嚴君曰。名因事起。地以人傳。安知後之好事者。不名之曰喝奴巖乎。乃復哄然大笑。聲震巖谷。抑又聞之。虎溪有三笑故事。此一喝也。即謂爲虎嘯亦可。

者或更衣而進云。憑欄四顧。北望城郭。於雲煙杳靄之間。西瞰南臺。在白波漂渺之中。江流環匝。分爲三叉。日光映射。浩浩蕩蕩。如銀河直瀉。下遊有二艨艟泊焉。展鏡窺之。一爲我高千穗艦。一爲英艦。其側桅檣林立。白帆往來兩岸市廛村閭。碁布星羅。皆集於眉睫。時則松籟謖謖。淸氣襲肌。眞勝境也。出亭拾磴數百級。有石門曰無量門。老楓一株。爛然飽霜。傍有廟祀關將軍。有池廣袤數百弓。淸澈可鑑。翼以修竹。蓊然成林。正玩賞間。忽聽鯨吼。則湧泉寺即在當前也。飛棟聳空。獠牙高啄。鐘樓層塔。傑構巍然。如蜃樓。僧衆數百人。皆白衣黑帽。除唪經外。或執洒掃。或習耕耘。堂中金碧燦爛。眩人耳目。壁間揭大軸二。一瑞圖。一本山道虎祖師所書。筆力遒勁。爲雙美。當門一僧。喃喃問訊。余不解。授以筆。畧悉梗概。傍暗室內。一老僧結跏入定。形如槁木。色似死灰。余不覺悚然。庭前老松偃蹇。張鶴翼。奮虬髯。稀覯則蘭也。寺後一

圖。曰湧泉寺。唐德宗間巖石決裂。甘泉湧出。閩王審知即其地。建寺。命僧神晏居此。傾國貲以塢之。歷代興廢不一。明初重脩。增舊制。稱曰閩山第一。歲癸卯臘月廿八。余與遜見巖切二君往遊焉。早起乘輿出東門。經野田。天晴氣暖。似我邦小春之候。輿夫九人。皆魁梧。疾馳如駿。頃刻達山麓。有一屋。堊壁高聳。是爲白雲廨。老榕對峙。使人肅然。乃舍輿攀磴。渡東際橋。橋下。有泉。自山上。瀉注。淙淙然。如鳴琴。有奇巖曰喝水巖。聞在昔神晏誦經巖畔。惡水聲喧嘈。喝之。遂逆流涸。又宋蔡襄書忘歸石三字於此。全山皆露石骨。而白砂爲膚。青松爲髮。大似一美人裝束。樹多爲風所壓。屈曲偃蹇。自有姿態。石稜稜。如劍戟。如狻猊。樵童掃落葉。砂面。如雪。而磴道通其間。紆餘盤旋以昇。老幼咸可安步。左右石壁題字。多不足觀。獨宋朱熹所題天風海濤四大字。筆力挺拔。與山競秀。有樹曰更衣亭。爲山僧賣茶處。謂到此距寺不遠。遊

養蘭。不知其幾十種。秀茂無匹。詩詠。菁莪。作人。孟叟以育英爲至樂。自古既然。況今宇內。競雄。養材之任。重且大矣。是其樂又非徒在遊觀也。

馬場知秋

隔牆有馬廐。所養甚多。馬係遼東之產。軀矮而蹄健。溫馴順人。其側有調馬場。雖不甚廣。白砂平敷。淨潔無比。閩人喜騎。學生皆競而習御。熟練最速。今也。秋高馬皆肥健。振鬣而嘶。猶示其可用者。

鄧祖庚評　此志頗得間中之趣。萬物欣欣。靜觀自得。所謂道在當前。俯拾即是者。非耶。

吳懋昭評　點次風景。似得力於柳文者。自有此作。堂中爲之生色矣。

遊鼓山記

鼓山者。閩省東門外三里許。福郡之鎮山也。屹立海濱。形如鼓。故名。巔有浮

投球或曳綱或奪旗驩然相得亦嚴中之寬樂也

燈光書聲

學生宿房區爲四庭中植竹清淨無點塵有浴堂有膳廳整然具備晚食既終燈光四射咿唔之聲盛起既無捉螢積雪之勞又無傭寫借書之煩如此而業不成者不爲也非不能也

蓮池蛙聲

堂之東隅有園境廣而幽奇石崎焉題曰雲岫老樹繞之有桌榻以石構之可以圍棊可以寫字其傍有蓮池廣不過十笏清冽可鑑夜間閣閣成聲者蛙也池在學堂中皮其鳴皆爲公決非爲私鳴也

洋樓芳蘭

有樓巍然高聳室內硝窓淨机結構布置盡擬泰西是爲堂員會議處樓下

老荔罩烟

大講堂之前。有辦務室。庭上宏闊。敷以花崗石。坦然如砥。左右荔樹對峙。幹根磥砢。枝葉扶蘇。可以憩。可以吟。蘇軾有句曰。啖荔支三百顆。余未知其何狀。今游此土。始知其妙旨。

菊水相映

堂中有槖駝師。培養花卉數百種。黃白競艷。紅紫鬭芳。爲此間第一之奇觀。其最可愛者爲菊花。瓣豐偉。香氣苾芬。圃中有池。以版石築之。形似井字。中放金鱗數尾。噞喁游泳。自適之趣可掬。

操場游戲

操場廣袤數千弓。形似雁字。雉草密生。如氈。爲學生練隊伍處。時也方高秋。劍光閃閃。映於晨霜。軍笛瀏喨。響於蒼靄。暇則師弟相集。演戲技。或蹴鞠。或

風發遺世獨立之想。

劍光槍影

閣下一大屋是爲擊劍場鋏面竹刀木槍革甲類無所不具備學生應指揮刺槍舞劍以演喑啞突衝之狀可謂壯觀矣自火器一傳肉薄刺擊之術屬衰廢而今有所悟斯道復興夫化怯爲勇變脆爲剛之道莫捷於劍槍勉焉刻厲磨以歲月則尚武之風勃然而興矣

藤蔭消暑

有一屋脊牙高啄巍然凌霄是爲大講堂祀孔聖關將軍爲文武之宗使諸生矜式其傍一室老藤蟠屈枝葉蔓衍深遮日光室稍闇而氣涼清蓋閩地酷熱避暑之計惟多楣間有扁額曰思岱山房筆意蒼秀有君子之風前巡撫鄂氏之筆云

老桑樓鵲

東隣一屋。是爲同僚某氏之居。樓上氣象開豁。前望烏石九仙。後顧蓮華旗峰。樓下有一桑樹。蒼然如老龍。蓋數百年外物。鵲棲之。其聲嬉嬉然。如戲如嘲。時或亂人語。今也慣耳。而不覺煩。

榕蔭養鹿

隔牆爲學生自習場。庭中榕樹鬱然。蔽數十畝。其下結柵養鹿。瞋目怒角。一見似猛牛。而溫藉馴人。暮夜無人。則呦呦呼友。可以養同學友愛之誼。

閣上明月

堂中最高處曰當山。有二層閣。頗富眺矚。近則城中之諸山。遠則郊外之諸峰。列峙如屏。其最秀且奇者。爲五虎山。山似人鼻。面海洋。外人稱曰鼻山。俯瞰則市廛櫛比。炊煙高颺。若夫乘月明。登此樓。則四顧空明。浩乎如乘虛御

學生吳雄星　初三日

學堂十三趣

學堂係舊巡撫廳舍。門高壁厚、儼然如城郭。而其中廣闊。足容萬衆、殿堂廊廡。區畫井井。有望樓、有蓮池、有菊圃、傑木異草。葱鬱而秀蒨、隱然占名園之觀。今充以爲學堂。自教師學生至閽人僮僕、無慮数百人、皆在此中、非有疾病事故、則不許出、余輩千里之客、亦結夢於此中、既無家眷團欒之樂、又無遠朋來訪之歡、暇則讀書、倦則逍遥庭中、其間所映眼觸情者、隨記以備異日之遺忘。

蕉林聽雨

余居在堂北隅、勢高而境幽、室雖不廣、瀟灑適體、室之前後、有空隙、移芭蕉十数株、地沃葉伸、大似舟、至冬不萎、夜中降雨、則剌剌有聲、猶人之叩扉者、

於夏而不適於冬。若夫春夏之交。池塘芳草。清風徐來。當此時。試再游其樂果何如。因憶余少時。好讀唐宋諸家文。每欲一游以驗其文。今也偶客於茲土。時探勝槩。不亦善隣之餘澤乎哉。乃記以贈吳氏。

吳懋昭評　大作叙次清雅。氣韻雋永。佩服佩服。

鄧祖庚評　筆意古樸。無近時煙火氣。是得力於天趣者獨多。拜服拜服。

前日所諭。環碧池館記拜讀之餘。不勝企仰。星期日回家。以示兒童曰。此吾師佐倉先生佳作也。衆兒童環而讀之。皆欣然曰。古人云好書不厭百回讀。吾謂佐倉老師之文亦然。衆兒童又謂學生曰。他日老師再來我家。弟等必備好酒肴相請也。於是爭將此記懸諸座右。為環碧池館增光焉。學生未通日語。每見老師。往往相對無言。恨甚。倘語言能通。師弟之情當更深也。爰書數句。以當筆談。呈上鎮海樓文一紙。以表微忱。伏乞笑納。

用也。有一銅器。形似巨桶。叩之殷然。曰諸葛亮陣中所用鼓。古氣穆穆可掬。或曰可以驗晴雨。有古瓦研。方尺有八寸。亦有古色。楣間揭古書幅。皆逸品。館後有榭枕池。翠簾深鎖。是爲主人讀書處。題曰瀲波榭。有橋曰雙蓮橋。渡橋得一屋。曰藕神居。有樓曰滄粟樓。樓下一屋。曰天香深處。皆可游涉以消三伏。池廣袤數百弓。池中有嶼。架石爲勾欄屈曲。曰亦宛轉橋。嶼中有亭。陳磁椅。其傍芳蘭秀茂。皆多年所培養。閩此地以蘭聞於世。宜其美且豐。亭後有園。棕竹成蔭。中蓄二鶴。丹頂雪翮。有仙禽之姿。最後一屋曰掬月。移揭蘇軾書。筆力遒勁。有扛鼎之勢。余性有書畫癖。相對怡然。閩吳氏四世以循良聞於世。雄之考肖薇。祖仲翔。皆富而好學。其遺子孫者大。異於庸俗。而堂構之繼。承吳生。勉乎哉。是余今日之樂。又非徒在游觀也。時屬初冬。落葉滿地。池魚潛形。氣蕭索。而境益幽。蓋閩地夏熱。築屋先以消暑爲計。故游涉最適。

廟。或列公館。或設考古會。以競鑑識之明。孔聖曰。有文事者。必有武備。文之與武。豈可偏廢哉。

陋俗荷高文點染讀竟自笑善隣之勸尤佩厚誼　吳懋昭拜讀

遊環碧池館記

嘗讀曾鞏道山亭記。曰閩人以屋室鉅麗相矜。雖下貧必豐其居。謂今距其時既遠。習俗其或變移歟。今遊此地。知其遺風猶有存焉者。福州北門街吳氏家世富豪。吳生雄受業于武備學堂。一日詣余曰。家有園池養鶴。盍一遊以慰情。余欣諾。以癸卯臘月初六。與同僚某氏俱往遊焉。到則吳生隨僮迎門。延余及別墅。地雖在闤闠中。境域甚廣。籓籬植竹。琅玕鳴玉。其傍一屋臨蓮池。荔樹蓊鬱蔽之。隔水有臺。是爲演戲場。沿池而行。有一大屋。顏曰環碧池館。是爲延賓處。陳書畫古器。桌椅類皆以檀材作之。嵌以美石。蓋夏時所

紙易敗。是二因也。潢裝之技甚拙。未經數年。往往破裂。是三因也。我邦則反是。既曰名品。則擲千金而購之。珍襲愛翫。不啻趙璧。且最致意於表裝。錦襴之幅。珠玉之軸。香木之箱。以藏之。是以唐宋以來之品。猶依然。蘇軾曰。物聚所好。蓋亦庶幾矣。

不藏刀劍

清人藏文具而不藏武器。偶有焉。皆鏽澁鈍折。不堪用。習俗然也。是以古器舖所陳列。大抵古研寶玉印石銅鉄之器。而刀劍鎗銃類。寥寥鮮矣。史稱。干將莫邪之劍。龍泉太阿之刀。陸斬犀角。水斷蛟龍。而今在何處。武之衰頽可知已。我邦以武建國。劍爲神器之一。遺訓所存。名工輩出。秋水切玉。時傳海外。宋歐陽脩日本刀歌。可以徵也。好尚如此。故襲藏方莫不研究。摩挲拂拭。數百年來之物。猶新發硎。忠臣義士英雄豪傑所佩者。今皆珍襲。或納於神

年來之癮疾。亦可治癒矣。余曰。大哉。藥之效驗。二十年。癮疾。依此藥。而解除。可謂至妙矣。然余更有一藥。烟毒之慘。人皆所知。而不能斷禁者。情實之弊也。苟有豪傑之士。猛斷一決。絕禁之。則豈難除去。今也列國競雄。國民之元氣。實關於其消長。不復可學昭昔時代逸樂沈醉之態。旣知其非而不能革新之。則其病也終不癒。豈唯廿年癮毒哉。古語曰。良醫治國。堂堂中華國。豈其無一人之良醫耶。噫。

書畫潢裝

余有書畫癖。每逢逸品。恍然神往。謂此地前漢以來之故土。逸品必多。就古器舖等搜之。大抵非近時所作。則亦皆摹擬贋品。又就潢裝舖而視其所作。亦皆近時所成。未嘗覩秀逸者。蓋淸人急於殖利。而其價貴者。齎以代錢。非嗜深者。則不留之。是其一因也。淸人不注意於襲藏。每揭壁上。觸外氣。故縑

則一國之富利。豈可不講乎哉。今夫口唱節義廉耻。而終身窮乏。之不能利國家者。貨殖傳之所戒。況商賈之所期。固在利。炳然陳其所志。豈其可笑邪。

有桑無蠶

閩地桑樹偉大。其餘合抱者亦多。枝葉扶蘇蔽十畝。而養蠶者甚鮮。怪問之。曰此地炎熱。雖欲養之。難成效。故然。余謂天之生物。必有需用者。而有供給。有供給而無需用者。未曾有。飛禽走獸草木虫魚。皆因此理而蕃息。今有桑樹。而不能養蠶。寧有此理乎。聞頃者官有所見于茲。設局勸桑蠶。是亦可喜矣。

廿年癮斷

買百種醫藥者。稱曰藥房。金字招牌。燦然奪目。其中有廿年癮斷四字。余怪問之。曰人多年喫鴉烟。則其毒充體。枯瘦疲弱。不堪於用。獨服此藥。則雖廿

是以此等之業常極盛東都市上以此術衣食者不下數千人而其巍然成紳士之生理者亦多此地斯道先生盍一游東瀛以博千金

照相畫像

以鏡映寫其眞相者稱曰照相城之內外成斯業者亦多唯脩技日尙淺未至精巧獨其稱廬山軒者稍可觀我邦人木村某曾游此地所傳云又有畫肖像者用筆緻密眉目如生聞此地父母死則揭畫像於廟中以致追遠厚本之意可謂美風矣

商家題句

一商家之柱聯曰大學十章終言利一部周官半理財噫何人之句乎夫利之爲言理也融通財力培養國本也大則一國之經濟小則一家之生理係焉全廢利而其國家隆昌者未曾有也故一人之富則一家之富一家之富

仁術猶多

門楣揭扁額題醫術鹽梅。名舉扁鵲。醫方仙手。儒醫國手等之字者。爲醫生。淡暗之室。疎髯之人。蕭然端坐。待病客。其藥方皆墨守扁倉遺術。不與世遷移。是以西醫侵入。軒岐氏之術益衰。而其所謂稱西醫者。亦皆宣教師等之餘業。僅讀數卷書。糊塗一時耳。我邦昔時皆奉軒岐氏術。後學蘭法。今則取內外之長。別出一機軸。史稱昔者秦皇使徐福。求仙藥於我邦。然則我邦醫術之進步。其亦有遠因歟。

卜筮觀相

或橋上。或廟畔。張蓋安机。端坐說八掛者。爲卜筮者。垂布簾。題吉凶禍福等字者。爲觀相人。而窺其室內。寂然無人。惟清人信仰思想甚薄。故然。我邦人則反是。信仰之念甚熾。而投機之心亦甚盛。思念凝結。不得不待卜筮觀相。

曠職之事。既曠職。則衆目必注。黜陟立至。豈亦問其本地與他鄉乎哉。

軍營題句

一日過某兵營前。門楹題句。曰柳營春試馬。虎帳夜談兵。世之爲武弁者。固不可無此鷹揚之氣象。有此氣象。而游刃綽綽。臨大事而不亂。當大節而不惑。得以成回天之偉業。唯世上之事。其言之易而行之甚難耳。

長鞭馬腹

語曰。長鞭不及馬腹。是謂其物之過大不適實用也。觀諸於此地之風習。類焉者。凡有三。曰辮髮。曰長衣。曰長煙管是也。凡處急忙之時。執業者。其裝束不簡捷。則難應事。我邦封建之時。士人皆大髻長袴。帶兩刀。事皆貴尊重。後有所悟。斬髻撤袴去刀。以代短後之服。唯近來衣帽制亂雜無律。冗費亦隨多。是亦可嘆矣。

榕城東門外田塍之間。温泉湧出。土人設場。以供衆人之澡浴。余一日往觀焉。矮陋不潔。貧民雜浴。終不浴而還。夫人之快樂。莫過於澡浴。而閩人澡浴。唯去塵垢。不爲取快散鬱之用。是以來浴者。大抵非苦力貧氓之屬。則疥癬疲瘦者耳。污穢益甚。或曰華屋廣庭以待客。而客不到。則忽耗原資。故然。噫亦可惜矣哉。

不仕本土

清官官制。凡爲官吏者。不得就職於本地之官衙。必出仕他鄉。以爲定規。蓋人之情。厚于舊故。而褻于近親。當其處事行政。易流於偏頗。愛憎隨而請托易行。苞苴易入。他鄉則人皆新。事亦無所涉。故無弊害所乘。故然。是大有理。我邦則無此制。規司法行政之官吏。奉職於本地者亦多。唯制度完備。監察甚嚴。雖有近親故舊。不得挾其私情。且夫吏之無節操者。雖在何地。不保無

故災害亦隨多。比諸於閩人。其幸。不幸。果何如。

虎病鼠疫

閩人之福利如前舉。而大不幸者亦存焉。虎病鼠疫之侵襲是也。三四月之候。霖雨漸歇。則俄然入暑。當此時。虎病鼠疫並臻。感染者以萬數之。可謂至慘矣。雖然。疫癘者雖謂天爲。亦人事之未盡者也。何則虎病鼠疫之發也。必缺衛生之務。而怠防禦之法也。西人目東亞諸邦爲未開野蠻者。正此理矣。我邦近時衛生之術。莫不研究。而時未免有疫病。是亦未盡人事。而恃天時之弊也。況如茲土。衛生之事。全措於度外。而不顧屋之內外。塵芥堆積。糞溺狼藉。既無巡視街衢之警吏。又無察病於未發之良醫。其爲虎病鼠疫之所侵。亦所不免耳。余故曰。閩之有疫癘。未盡人事之罪也。

東門溫泉

嘗觸藩是以農人之勞半於我邦而收穫則倍之且米粒之旨味毫不減於我邦之產福州之名蓋亦不空矣

未嘗見雪

閩地無雪非無雪雖有雪風温氣熱不留地也余生長于雪國每對閩人說雪景而閩人毫不留意蓋世上之事未嘗觸目踏足者其感覺甚薄譬猶對寒國之人說苦熱之狀其身未嘗經驗是以殆如隔靴搔痒亦自然之理耳

無震無災

閩地之得於天厚於他鄉者豈啻一歲兩收之利乎人之最所忌且畏者莫若於震災而此他近傍無火山震動甚少危樓傑閣之既就傾圮者猶依然且年中無暴風人民雖失火不至延燒我邦則反之火山甚多震害時起其害大者一朝夕之間陷沒數萬戶是以築屋大抵以木材不用土石其唯然

各國領事館在丘壠之上。勢高而望闊。前臨閩江。舟楫往來。欸乃之聲。晝夜不絕。後負五虎山。嵐光可掬。而我領事館在其中央。石壁巍然。老樹鬱蒼。占形勝。庭中有嘉木異草。青苔如氈。可以涉。可以吟。眞是不負我領事館矣。

五月無雨

閩地氣候。異於他州。至冬不甚寒。自八九月至一二月間。降雨甚稀。適有焉。忽而歇。爽快不言言。獨怪久旱如此。而禾穀不枯。蔬菜不死。樹木鬱茂。池塘有水。是果何理。想此地土壤粘硬。不滲漏水氣。且夜間多霧露。草木噏之以生。天之配合。可謂妙矣。

二度收穀

閩中之氣候。相同於臺灣。一歲兩度收穀。可謂天賦之良土矣。農人皆畜牛役之耕田。牛色赤而黧。溫順馴人。放牧不加檢束。悠悠然遊行野田之間。未

之嗜好。不可概言。而風流韻士之樂亦甚稀。既無觀花吟月之遊。又無登山澡浴之樂。比諸我邦人。則冗費甚少。我邦人所最嗜。自演劇角觝講古謠曲踏無點茶插花之屬。至花晨月夕操舟潮浴之遊等。不可枚舉。冗費亦隨夥多。可謂侈風矣。唯清人娛樂中。在我邦嚴禁者。有二。一曰鴉烟。曰賭博是也。喫鴉者以重刑論之。賭金者以輕罪處之。

租界清潔

萬壽橋之南岸。有外國人居留地。英米獨佛之富商等。各設商館。石門鐵柱。堊壁硝窓。鱗次櫛比。街路廣闊。而清潔。不似城內外之汚穢雜遝。有教會堂。有語學校。有花卉園。有遊戲場。超然成別乾坤。其如斯。而後閩中之風光。可以玩。可以詠。不知閩人觀以爲何如之感乎。

諸領事館

城之內外賣書畫古器者。不遑枚舉。而總督衙門之近傍。爲其淵藪。自珠玉珍翫文房類。至金銀彫刻茗器屬。陳列如林。欲眩人目。賈人巧辯。使人不能空手而還。余囊素無限。識而心好過於人。是以往往爲彼所致噬臍者數矣。

各省會館

各省之在此地官紳等相謀。設置一集會處。稱曰會館。係安徽省者曰安徽會館。係廣東省曰廣東會館。其他有八旗會館等。相峙競壯麗。有觀戲場。有會議所。桌椅並列。乘輿輻輳。可謂盛矣。我邦亦有華族會館者。爲貴族集會所。其他有稱某俱樂部者。爾某保天爾者。皆爲集合娛樂留宿等設之。亦脩交道之一津梁也哉。

娛樂猶少

淸人公同之娛樂。不過演戲賭博講古等。其他至一私之娛樂。則自屬其人之急於是乎起矣。

溺水猥藉

清人視汚溺如水。不論街上牆下。不忌堂邊廟畔。氾濫猥藉。怪臭撲鼻。滑澾汚履。而恬然不介意。是亦奇矣。西人之鄙清人。實在此理。上海城民之不能入租界者。亦在此點。而官之不決行矯正策者。果何意耶。聞近有設警務學堂之議。學堂而旣成。是等之事。其宜第一致思者矣。

吉屋招租

街上貼赤紙。記吉屋招租者。租貸空屋之告知書也。我邦欲貸屋於人者。書貸屋二字於紙。貼屋壁。欲借屋者。就其屋。未定契約而移住之。無與閩人異。唯吉屋二字。可以玩味。辭令之巧矣。

書畫古器

音像者其他紅桃黑馬白羊綵球等之形狀各放異彩我邦正月飾松竹於門前望注連於楣間盂蘭盆節則懸彩燈以祭祖先之靈邦異俗亦異彼我參照奇觀在於其間矣

右避左行

街衢雜遝危險不可名狀是以行人逢輿馬右避而左行錯雜中亦有一種之律唯通路甚狹隘往往欲右避而不能欲左行而亦不能老幼婦女最苦之我邦近來設通行回避之法警吏銳意任之亦可以知世態變遷之狀矣

糞桶縱橫

閩婦不啻擔重努力且當男子所厭污穢物運輸之任可謂奇矣盛糞溺於巨桶擔而行與我邦掃除厠圊者無所異唯運輸之際不施覆蓋與貯蔬菜魚肉者兩兩相伍糞臭迸散使人發嘔吐最爲他邦人之所厭忌道路章程

閩江之水清且駛，不同楊黃之濁且緩，漁人聯巨竹成筏，呼曰竹船，載鸕鷀二三，發縱以獲魚，上下急湍，如衽席，最爲奇觀，

紹興陳酒

清人所飮酒，出浙江紹興府者，色如麥酒，而淡泊適腸，酒藏瓶，以竹葉包之，以土團覆之，藏愈久而愈美，最陳者經二三十年，清人酒量甚大，會宴時，舉杯示衆，呼曰乾杯，以代獻酬禮，乾杯又乾杯，終則陶然就醉，而清人毫無酩酊狀，不似我邦之酣醉淋漓之態，可謂酒有禮者矣，

彩燈紙面

新年之禮式，萬邦異趣，閩地迎歲之狀景，不見所異，唯所映於眼者，門楹新聯之外，有假面彩燈，假面以厚紙作之，奇狀異態，滑稽解頤，揭於竿上而賣之，又以赤紙作百種之彩燈，到夜點火，紅鱗巨眼，如金魚者，美姬坐蓮，如觀

土市上賣蟹大如盂以藁縛之止橫行蟹甲噴沫鳴不平其狀甚奇余使僮購之美味不可名狀其入詩句宜矣

魚市殷賑

南臺泗洲街有魚市場盛陳列百種水族而乾魚鹽魚類來於南洋及我邦者亦多街上魚油滑澤行者欲顛踣我邦有魚市場章程劃一定地警官巡視以護衛生與通行整然不亂閩地魚市場章程之設其最急矣

橋上乞丐

石橋橫江曰萬壽橋長一百三十丈蜿蜒如龍其下舟楫雲連兩岸歌樓管絃響波若夫明月夜金波瀲灩船燈如星有瀟湘渡月橋之趣獨橋上多乞丐或橫欄捫虱或臥地酣睡醜穢不可正視使此名橋無吟月之客可惜耳

筏上鸕鶿

冬而畏夏三伏之候玉汗津津形癯神衰殆無生色漸至晚秋意氣頓復活使閩人謂之必曰日人勇於冬而怯於夏是亦不可免之理也

當字如山

屋之正面大書當一字屋內結柵防奸人闖入者爲當店當店猶我邦之質店也自日用什器至衣裳珍玩抵當貸金以取實價百分二之利而其期限爲二年期至而不償還者物主失其權我邦之質店對實價二分或三分貸金其利子爲百分之二經過六月而不繳還者沒之名曰流質夫當者金錢融通之津梁人世不可缺者唯不以嚴法律之則滋盜贓不堪其弊竇是亦宜思矣

蟹甲上市

劉後村有句葉浮嫩綠酒初熟橙切香黃蟹正肥余讀之未解其趣味游此

陶侃利用竹頭木屑之故事不燒棄字紙而創漉紙之法則其利不可貲矣

爆竹如雷

清人文雅溫靜不好殺伐武烈之遊獨異以硝藥作火烽呼曰爆竹凡有慶事必發之其響韜然轟然白煙濛濛然壯快不可言唯半夜人定之後俄然火之往往破華胥之夢而清人毫不怪我邦人亦好火烽呼曰狼烟形如長桶籠罩百種之形體火之以朝天轟然電閃或爲星斗爛燦或爲春柳飛燕或雙龍爭珠或晚鴉歸棲千態萬狀不可方物其所費不下數百千金可謂奢風矣唯我邦人之氣質固如狼煙清國人之性情不似爆竹而其好尙如斯是亦奇矣

冬日可愛

閩地溫暖竟歲不見雪而土人畏寒羊裘綿襖猶呼冷余輩生于寒國不畏

襪莊者、即我邦之足袋屋者也、洛神賦有凌波微步羅襪生塵之句、即是耳、

慶團綵結

題慶團綵結四大字、揭楣門、屋內雜陳婚儀所用彩輿赤牌緋衣朱傘類、應需貸與而取其利、蓋清人最重婚禮、自室內綴飾至新人乘輿皆極華麗、新作之、則其費不可計、故賃貸以減其費、可謂便法矣、我邦華燭洞房之器皆新作之、唯至葬儀之具、則如此地慶團貸與之、以証其幾分利、人皆喜其簡捷、

燒紙可惜

清人殖利之事、莫不講究、而有一欵陷、不知利用故紙之法是也、夫字紙之可敬惜、人皆知之、然燒棄之、所謂暴殄天物者、不若漂水以化新紙之勝也、西人以襤褸製紙、我邦人變故紙爲新紙、呼曰漉紙、以水漉之也、清人若做

酒庫米行

我邦商賈以屋字爲商號。其稱酒屋者。即此地之酒庫也。稱米屋者。即此地之米行也。其稱酒庫者。多藏酒類。買者或提瓶而行。或飲而歸。猶與我邦酒屋者無所異。米行者盛穀於大籠。揭札書其價額。亦猶與我米屋者相似。宋飽祗有句戶。無酒禁。人爭醉。地少霜。威花。並然。可謂善道破樂土之趣者矣。

成衣布襪

閩俗裁縫衣服。大抵係男子之手。置一大桌於店上。男子二三人。或執刀裁布。或坐椅縫之。婦女則在側執他事。蓋清人所著衣裳用毛皮。非男子則不得裁縫。唯兒女子所穿。極簡易。多成於婦人手。我邦亦有成衣人。俗呼曰仕立屋。應需作百種衣類。其餘則婦女自造之。今也女子裁縫學校盛興。內外之服。悉成於閨門。清人稱足衣曰布襪。我邦所謂足袋是也。店上招牌書布

石灰如雪

此地不論室屋牆壁。皆以石灰塗之。堅固如石。閱歲月而不壞。其所費不可測。一日散策城外。到水邊。有一屋燒牡蠣殼。製灰。隨造隨輸。白粉飛散。屋瓦樹梢。白皚皚。望之如雪。清人殖利之術。莫不講究。是亦其一歟。

香煙如縷

閩地產線香。其名聞于遠近。價亦甚廉。一日詣某廟。有物懸於天。形如笠。火其一端。諦視。則線香也。蜿蜒。螺旋。至三四。晝夜而不滅。可以測時辰云。

醬園豉莊

盛物於瓶。隆然如山。其色紅白。人往而買之。問之曰。醬也。醬者我邦俗所謂味噌者也。又有豉莊者。即我邦所謂醬油者也。清人巧用字。化俗爲佳。是亦一奇。

糧不能期暖飯故平時習之又以冷水洗面者亦有深意丈夫處世不可無勇士不忘喪元之節而平生以湯水洗顏面死後面色如土以冷水則雖死猶生故然是雖似戰國之餘習然其用意可以知也且夫清國水土惡疫癘時發故注意於衛生我邦則不然是亦其一因歟

無一浴堂

我邦人好澡浴富者自設浴室每日或隔日取浴下貧則往混堂而浴澡故有戶百餘必有混浴場今遊此地市中未見一浴堂怪問之曰人皆以湯水洗拭肢體雖設浴堂無往浴者且暴露肢體是野蠻之風故不設耳此說有一理唯數日不取浴肌膚染塵煤帶異臭者是亦非文明之事也余嘗游臺灣市中有盆池者土人往而澡浴今此地民戶六七萬而無一浴堂可謂奇矣

則禁止之意用免字最相適矣聞清人遊我邦公園者看樹枝不可折取之禁榜怪曰纖纖此枝折取甚易何故題不可是亦同一之談耳

屋有三進

富人築屋必設三門不踰越之則不能入堂稱曰三進禮雖似虛飾亦可以觀風尙之異矣我邦設門必一踰門有階段俗曰玄關踰之有等候室不過之則不能入居室由是觀之三進之禮自存焉何獨怪三門乎

冷水冷飯

清人食後必洗面洗面不以冷水必用湯水稱曰開水又不食冷飯必煮而食之雖下貧亦然怪問之曰冷水多惡蟲入口害腸胃冷飯則乞丐者所食有住居者不可食也我邦則反是大抵以冷水洗面又嚥下冷水而不顧如飯則早朝炊之午牌與晚食則食冷飯是有一說武夫臨戰場常携行糧行

是亦可思矣。

城門閉矣

榕城周迴二里餘。石壁高聳如天塹。百步一樓。每樓置砲二門。壁上穿銃眼。以備嬰守。有五關。曰東門。曰西門。曰南門。曰北門。曰水部門。石柱鉄扉。儼然不可侵。至黃昏閉鎖之。以戒非違。雖有雞鳴狗盜之術。不許開之。詎料門側。有一口。以梯縋通人。至深更。尚不止。是亦奇矣。兵法曰。正中寓奇。常中有權。蓋此謂歟。

閒人免進

門扉貼赤紙。題閒人免進四字。以禁奸人闖入。猶與我邦人題無用人不可入之字者同理。唯我邦以免字往往用准許之意。有免許免狀等語。以此意解釋此字則生大誤謬。夫免之爲字。黜也。脫也。事不相及也。免脫其足也。然

聯之人歟

神荼鬱壘

大書神荼鬱壘四字貼門扉者往往有焉余始不能解其意義怪問之曰昔者有稱神荼鬱壘昆弟二人能執鬼故題其名以防妖凶來襲也我邦俗亦有類焉者當痘疫流行時書源爲朝三字貼門扉以驅疫癘凡此類之事東西相同可謂奇矣源爲朝者武將之魁嘗在海島驅逐疫鬼者也

加冠晉祿

門扉題字中最所多覩者加冠晉祿之四字也清人之熱中於仕途可推知矣而其能一躍登龍門以實此句者千百人中僅二三耳嘗聞清人一世能致巨萬之富者不一旦登顯位則不能蓋權之所歸富亦從焉者歟我邦則反是官人太抵清貧文士最甚古人曰文臣不愛錢武夫不恐死天下泰平

此地。修佛典。神光寺學成而歸。巡游海內。說法建寺。竺敎大興。空海有智慧。創造我國字四十八。裨益文敎。死後諡弘法大師。其後至明末。造本州黃檗山隱元和尚遊我邦。爲某諸侯所重。建寺宇。治今尚傳其衣鉢。當時從遊弟子木庵即非心越獨立等。皆有學德。至今寶藏其筆蹟者甚多。今距其時不甚久。何其變遷之速也。

賽新春聯

赤紙題聯句。貼諸門楹者。鄙鄉皆然。視其字或書經史之語。或記古人之句。莫不皆吉祥慶瑞之辭。至歲暮而改之。有一人置桌於街上。揭招牌曰。賽新春聯。應需而揮毫。隨來隨書。運筆輕妙。如掃落葉。而其潤筆僅二三錢。可謂廉矣。我邦商家所揭招牌。俗曰看板。書看板者。有一種筆法。輕妙可驚。而此人生來不讀書。漫皷筆墨。而能如此者。練磨之力也。是亦與賽聯先生。好對。

義塚纍纍

城西門外墳墓甚多。其最奇者以白堊塗之。形如波浪。不知其幾百。問之曰。是義塚者也。富豪之慈仁心深者。爲家貧不能購墓地者。給與之。使全其志。夫葬喪者。人間之大事。而貧者不能盡其心。可憫耳。裕財之人。捐私資以成其志。可謂古風矣。

僧眼無字

余曾游西郊某寺。楣間揭一洋畫。諦視則耶穌基督生誕圖也。怪問之。僧曰。坊間有此圖。甚鮮美。故購來耳。余曰。是爲洋教始祖之像。汝釋迦牟尼之徒。弟而揭此像。豈不自相矛盾乎。抑又欲取法於敵而置之乎。敢問其理。僧默。然無語。余謂此地僧侶。大抵不學無識。唯貪米錢而消盡一生耳。宜矣。洋教浸漸勢不可禦。因憶本省自古佛教弘布。名僧輩出。唐時我邦僧空海者游

紙燭。硝燈近時電燈漸成。街上如不夜城。燭亦屬不用。

壽板商行

清人重喪禮。棺椁之制。自有一定式。材似我邦杉檜。而木理緻密。有香氣。棺形似刳木舟。價亦貴。門楣題字曰。壽板行者。即我邦所謂葬具屋者也。清人巧辭令。如死字不出吻頭。稱棺椁曰壽板。其他可以徵也。我邦人則反是。賣葬具者。店上揭招牌。大書葬具云云。而人不忌之。習俗然也。世上目不脩飾言詞者。爲露骨。使清人言其必以露骨二字笑之。

石馬在墓

余一日遊洪山橋。田間有石佛。其側石馬相對峙。馬大似眞馬。以花崗石作之。刻法奇異。問土人曰。顯官死則建之。未知何理。或曰明朝之遺物。昔者。諸葛亮。作。木牛。流馬。以渡。河。是。其形。似。而。物。不。同。可。謂。奇。矣。

清朝承古聖賢之遺緒。孝悌節義之事。莫不加勸奬。其最可觀者。爲石門旌表。石門高二十尺。以花崗石作之。正面題聖旨二字。兩楹刻褒賞句。建街上或郊外。以旌表孝子節婦。使閭里矜式之。可謂美風矣。

斫石如木

此地多石材。凡自道路橋梁。至門楹杌桌類。皆以石作之。是以石匠斫石如木。巧妙可驚。我邦築屋。大抵用木材。如石則不過爲礎砌。近來擬泰西制。築石室。雖減祝融之害。而亦往往罹震害。一利一害。數之所不免也。

炬火取明

土人夜行不用燈。舉炬火而行。炬撚枯竹作之。形如笞。一度點火。不容易消滅。輿夫馬丁多用之。以取明。唯茲土家屋石壁土牆。雖用炬。少災害。然街上舉炬者。野蠻遺物。豈文明之風乎哉。我邦街路章程。嚴戒炬火夜行者。皆取

問之曰。武魁者稱武舉人。文魁者稱文舉人。會魁者文舉人之優勝者。進士翰林者亦其上班。試業於京都。古人有句。久旱逢甘雨。他鄉遇故知。洞房華燭夜。金榜掛名時。夫學位者。天爵之事。標榜之似虛飾。然亦可以見朝廷勸學之隆矣。

敬惜字紙

街上設爐。收拾字紙。投以火之。稱曰惜字爐。可謂篤學之風矣。夫文字者。上自一國政令。下至民間要事。莫不皆載。而或爲風所飄。或爲人所踐。甚則與不潔相混。是豈厚禮重道之謂乎。清人第一長技爲寫字。自市廛招牌至日用書牘。字畫井井。意用謹嚴。他邦人不遠及。勸奬有方。風尚有素。豈一朝一夕之故乎哉。

華表林立

他如正七品知縣等皆戴素金頂。

騶從如雲

官人往來必乘肩輿。隨騶騎多致十百人。少亦十餘人。或持傘。或鳴鑼。或持龍刀。蛇矛。衣帽奇異。一見可驚。猶我邦封建時代諸侯通行。狀可謂尊重之風矣。

衙門畫繪

衙門之大者。曰將軍衙門。曰總督衙門。曰布政司衙門。其餘按察諸道衙門。皆在城中。門屏巍然如城郭。屏畫武神像。長髯橫槊。頗爲嚴森。又其牆壁畫老龍麒麟。蓋往古昭平時之遺風歟。

學位標榜

有學位者。揭扁額於門楣。以金書之。曰翰林。曰進士。曰文魁。曰會魁。曰武魁。

曰梟、曰磔、今也不存其一。唯其最重者爲絞首。其他在獄勞役、或送僻地役之餘、則罰金科料耳。如桎梏、示人者、殆不可夢想矣。

肩輿色別

街路不通車輛。是以官人縉士皆乘肩輿。輿方三尺許、形似我邦神輿。二人或三四人抬之。桿棒柔軟、步步抑揚、頗快適。而官人之輿制有等差。自一品至四品、以綠絨飾輿。自五品至七品爲青色。是以綠輿通過、則庶民皆避讓云。

冠玉有差

官縉戴冠、以寶石飾之。自正一品至從二品、戴紅寶玉石頂、即將軍都統總督布政司等是也。自正三品至從五位、戴藍寶石頂、即按察司糧道鹽道知府等是也。自正五品戴水晶頂、即同知是也。正六品戴白色頂、通判是也。其

水陸不婚

閩江流域數百里。舟筏亦隨多。舟大者載千斛。凌海濤。小者上下於江中。以運濟爲業。萬壽橋畔。桅檣林立者。其大船也。其傍雲集蟻屯者。小舟也。舟人。生長於舟。而老死於舟。吉凶禍福。皆任於波上。其風俗習慣。生理之趣。與陸人。宜然相別。陸人曰。彼波上之客。無恒產。又無恒心。不足相交。舟人曰。波上生活。不似陸人之齷齪鄙吝。是以舟人娶妻。必娶舟人之女。與陸人不結婚緣云。

桎梏示人

街上通行最繁處。以鉄鎖縛刑人。嵌頸以板。使行人縱覽。爲懲戒一法。刑人蓬頭襤褸。塵垢充膚。如藍面厄鬼。一見悚然。而毫無痛苦悔恨之態。往往向行人乞錢。是亦一奇也。因憶我邦昔時亦以嚴刑酷罰臨民。曰笞曰流曰斬。

其待遇之道不相同也而此地犬貓相馴相親殆如同胞余每怪之既而悟焉此地家室之制與我邦相異犬貓同處寢不異其所食不別其器是以犬之視貓不啻不羨之視以為平等豈亦鬪爭乎狗譬猶武弁也貓譬猶文士也其所以盡力於邦家同耳而待之不相均則其爭也必起矣

同病相黨

閩地炎熱癩疾亦隨多官待癩民有制裁劃城外一巷區居此不許雜居又禁混婚雖婚約既成至後發癩疾則得拒絕之城西門外有癩民屯居處官給醫藥濟之其最奇者人若罹癩疾則癩民探知之成群迫其家牽引而還其窟雖欲拒不應是以富家有癩患厚賂癩民以米錢古曰同病相憐是即非同病相憐而同病相黨引者也唯其不許雜居混婚者似酷而其意出於仁可適以防傳播之害亦衛生之一權法歟

烏之爲黑烏人皆知之而此地所產者玄身白頸其聲桀桀然語曰誰知烏之雌雄其以純黑而難辨識爲雌爲雄也今鴉有白頸豈不亦奇乎或曰是鵲之一種非鴉也乃記以質世之博識者

鼈不可食

閩人不食鼈非不食也是有說焉曰鼈者龜蛇相交而生亂倫最甚不可食唯怪市上販鼈者不甚少然則其不食者一分拘忌者之事非通論也孟叟曰數罟不入洿池魚鼈不可勝食鼈之可食自古既然豈其足忌乎

犬貓不爭

犬獸嫉貓如仇敵逢則必逐之其故何也夫人之愛貓以其能捉鼠也而犬亦善戒盜其忠於主人一也而貓之於主人不離其左右出入閨閫食有魚寢有蓐而狗則寢於土而食於餕是以狗常惡貓之所爲往往嚙而致死是

曾讀曾南豐道山亭記曰城中多傑木未知其何狀今游茲土有大樹幹根蟠屈枝葉扶蘇遠望之如黑雲如鵬翼可以避炎熱可以凌雨露問之曰榕樹也土人往往築小祠於樹上供香火以加敬意此樹南方皆有焉而如閩人愛封者未多覩之榕城之稱蓋亦不偶然也

茘枝成林

坡仙有句曰啖茘支三百顆林迴又有句茘支影裏安吟榻余讀之未知其趣味今一游悉其狀茘支似我邦柏而葉如桂其花白其實甘城之內外鬱然成林一歲之利不下數萬金此樹諸州皆有而以本省爲第一昔者楊妃嗜之貢使馳驛於道惟坡仙之句就四川所產而言之聞川產不及此地產遠甚若使坡仙啖閩產則或至四五百顆亦未可知也

烏有白翎

清國婦女之頭飾大抵有一定之様式獨此地之婦女插銀製之笄笄長尺許稜稜如劍戟交叉飾之宛然如鍾將軍像奇亦甚矣

耳環如輪

婦女施耳環閩鄉皆然而閩婦所著耳環最偉大可驚環以銀製之形如桶輪頭上帶劍耳朵亦施此物其任重矣

牽牛賣乳

土人畜牛者一用耕作一賣其乳賣乳者牽母子二牛周行街上有需者則繫牛門牆搾而沽之買者喜其新鮮而無詐我邦養牛者有一定廐舍昧爽搾以盛於器配送於需用者稱曰配達其貪薄心不正者往往混入他物而詐之是以官設章程戒飭之閩人之配達法可謂簡矣

封榕如神

此地自古佛教隆盛。寺觀林立。不勝屈指。而僧皆白衣黑帽。蕭然如喪家狗。市中繁華之區則不多見。郊外途上。十中二三皆僧也。聞此種僧侶。多貧家子弟。無恒產亦無恒心。往往入寺爲避世計。唯其然。故無學無識。所謂胸中。本來無一物者。比比皆然。宜土人呼之曰野僧。不加敬禮。其狀全與我邦相反。宋謝泌有句。湖田播種。重收穀。道路逢人。半是僧。重收穀則邦家之慶事。半是僧則耗國財甚矣。

婦人勞力

世人動輙曰。清國婦女纏足。勞力者皆男子之事耳。安知此州婦女。除富室閨閣賣笑歌妓等外。大抵不纏足。短褐裸跣。或擔薪水。或運糞壤。習成性。開豁類。陵髯。丈夫可謂奇矣。

頭上帶劍

余曾宦臺灣。公餘摘記其風土習俗之相異者百餘。名曰臺風雜記。以附剞劂。昨夏遊閩。以前所觀。比今所見。則概相同。唯彼地近時人文稍開。此土則仍漢唐相沿之舊風。尚稍異。乃記以續之。雖不無蛇足之誚。然微意所存。苟有補於同文勸勉之一端。則何幸如之。

達山識

街上無車

榕城內外。民戶六七萬。自北延南。蜿蜒如龍蟠。街衢縱橫。往來如織。肩輿旁午于其間。前叱後咤。左突右衝。喧然如爭鬪。而至車輪則闃乎無片影。怪問之。曰街上砌石橋梁穹窿。雖有車輛。不能通。是以往來專用肩輿耳。夫運輸物莫捷於車輛。而閩人惟恃人肩而不顧之。是不僅可以一奇視之。亦大惜其不利也。

途上多僧

判哉。是篇雖紀遊觀。實可以採治化之源。君之用心。亦良切矣。抑余重有感焉。我邦與支那。自古稱爲與國。不但同文同種而已。其制度文物。亦往往相似。是宜如何講信脩睦。守望相助。休戚相關。以固其根蔕哉。於時而有此間中瑣記。其有裨於後來者匪淺。豈可無一辭以爲之券乎。是爲序。

甲辰初夏　　蔚南生

閩風雜記序

閩州古稱多形勝。皷岳聳于東。旗峰峙于西。閩江一水中流。崢嶸之氣。滉漾之色。相對成趣。省治踞其中。氣象萬千。煙戶櫛比。舟檝雲屯。洵南邦之重鎮。海國之名區也。歌咏之士。游覽至此。可無紀載以興寄所托乎。吾友達山佐倉君。昨秋來膺武備學堂聘。任教習事。公餘之暇。觸目詠懷。裒然成帙。名曰閩風雜記。舉凡山川之奇狀。閭巷之俚談。靡不刻意描摹。悉心鏤繪。務使讀者。心曠神怡而後已。夫欲卜一國之盛衰文野者。不先觀其山川之險易。與夫風俗之澆淳。烏知其民人意思情態之所著。邦土厚薄豐歉之所

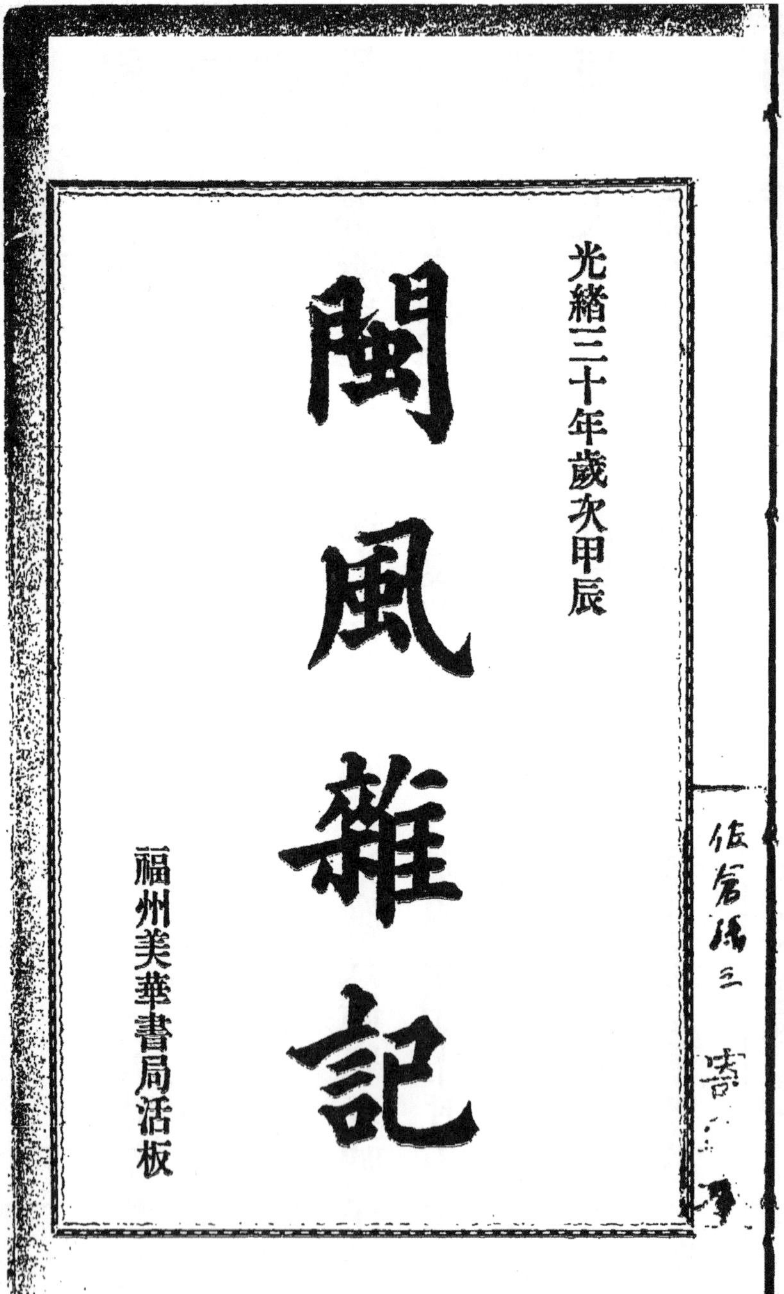
佐倉孫三 著

光緒三十年歲次甲辰

閩風雜記

福州美華書局活板

國家圖書館出版品預行編目資料

新編閩風雜記／林美容編著；沈佳姍註釋

－－初版.－－臺北市：五南，2018.01

面；　公分. --（台灣BOOK）

ISBN 978-957-11-9093-8（平裝）

1.風俗　2.福建省　3.臺灣

538.82　　　106003273

台灣BOOK 15

1XCG　**新編閩風雜記**

原　　著— 日．佐倉孫三

編　　著— 林美容(123.3)

註　　釋— 沈佳姍

校　　對— 沈佳姍

出 版 者— 五南圖書出版股份有限公司

發 行 人— 楊榮川

總 經 理— 楊士清

副 總 編— 蘇美嬌

實習編輯— 康婉鈴

封面設計— 謝瑩君

地　　址：106台北市大安區和平東路二段339號4樓

電　　話：(02)2705-5066　　傳　　真：(02)2706-6100

網　　址：http://www.wunan.com.tw

電子郵件：wunan@wunan.com.tw

劃撥帳號：01068953

戶　　名：五南圖書出版股份有限公司

法律顧問　林勝安律師事務所　林勝安律師

出版日期　2018年1月初版一刷

定　　價　新臺幣300元